# Elogios a Este Livro

"Ninguém conhece qualidade tão bem quanto Subir Chowdhury, e *O Poder de LEO* revela um método novo e engenhoso criado por ele com as principais empresas do mundo. Uma leitura altamente recomendável."

— **Marshall Goldsmith**
Autor dos *best-sellers MOJO* e *What Got You Here Won't Get You There*, listados pelo *The New York Times*

"*O Poder de LEO* será benéfico para toda organização que utilizar seus princípios e incorporá-los em sua cultura. O método LEO, de Subir Chowdhury, com toda a certeza produzirá esses resultados."

— **Michael King**
Diretor executivo e presidente nacional, da Volunteers of America

"Subir Chowdhury é um dos principais especialistas do mundo em melhoria da qualidade, e sua missão é inculcar essa mesma dedicação apaixonada em todas as pessoas de todo os níveis. Em *O Poder de LEO*, ele vai longe para fazer exatamente isso. É um livro sensato, cheio de exemplos da vida real, dicas práticas e estratégias comprovadas. Se você pretende transformar a qualidade em um estilo de vida, definitivamente este livro servirá para você."

— **Jim Kouzes**
Coautor do *best-seller O Desafio da Liderança*, chefe da cadeira de Liderança da Escola de Negócios Leavey na Universidade Santa Clara

"Subir Chowdhury apresenta uma nova perspectiva sobre o gerenciamento de corporações globais observando e ouvindo com cuidado seus grupos de interesse, enriquecendo processos de negócios essenciais e otimizando as iniciativas estratégicas para extrair o máximo valor do negócio. Por meio de um estilo simples e direto, ele recorre a vários estudos de caso para explicar de que forma o método de gestão LEO consegue solucionar desafios empresariais significativos. Os leitores ávidos por novas ideias em técnicas de gestão certamente acharão este livro interessante."

— **Narayana N. R. Murthy**
Presidente e conselheiro-chefe da Infosys Limited

"*O Poder de LEO* ressalta a importância de melhorar o projeto do processo de melhoria em qualquer setor, incluindo o de saúde. Aplicamos o LEO no hospital em que trabalho e ele funcionou. Este livro de Subir Chowdhury será um ótimo lembrete para o setor de serviços de saúde de que seu principal objetivo é desenvolver, melhorar e contentar seu cliente mais importante: o paciente."

— **Mark L. Rosenblum**
Doutor em medicina, chefe do departamento de Neurocirurgia no Henry Ford Health System, vice-presidente de Programas Clínicos no Henry Ford West Bloomfield Hospital

"*O Poder de LEO* reacendeu minha crença no valor de ouvir e colaborar com todos os grupos de interesse."

**— James E. Rogers**
*Chairman*, presidente e diretor executivo da Duke Energy

"A maioria das estratégias de gestão é excelente na teoria. Mas de que forma um executivo de linha coloca essas estratégias em prática? *O Poder de LEO* nos mostra como em termos práticos e realistas e com relatos curiosos. Uma leitura extremamente útil!"

**— Jim Lawrence**
Diretor executivo da Rothschild North America e ex-vice-presidente e diretor financeiro da General Mills

# O PODER DE LEO

PROCESSO REVOLUCIONÁRIO PARA OBTER
RESULTADOS EXTRAORDINÁRIOS

## SUBIR CHOWDHURY

*Tradução: Beth Honorato*

www.dvseditora.com.br
São Paulo, 2014

**OUTROS LIVROS DE SUBIR CHOWDHURY**

*The Ice Cream Maker: An Inspiring Tale about Making Quality the Key Ingredient in Everything You Do*

*Next Generation Business Handbook*

*Taguchi's Quality Engineering Handbook*
(escrito em coautoria com Genichi Taguchi e Yuin Wu)

*The Power of Design for Six Sigma*

*Design for Six Sigma:
The Revolutionary Process for Achieving Extraordinary Profits*

*The Talent Era: Achieving a High Return on Talent*

*Quem Comeu o Meu Hambúrguer? (O Poder do Seis Sigma)*

*Organization 21C: Someday All Organizations Will Lead This Way*

*The Mahalanobis-Taguchi System*
(escrito em coautoria com Genichi Taguchi e Yuin Wu)

*Management 21C: Someday We'll All Manage This Way*

*Robust Engineering: Learn How to Boost Quality while Reducing Costs & Time to Market*
(escrito em coautoria com Genichi Taguchi e Shin Taguchi)

*QS-9000 Pioneers: Registered Companies Share Their Strategies for Success*
(escrito em coautoria com K. Zimmer)

# O PODER DE LEO

PROCESSO REVOLUCIONÁRIO PARA OBTER
RESULTADOS EXTRAORDINÁRIOS

SUBIR CHOWDHURY

O PODER DE LEO
*Processo revolucionário para obter resultados extraordinários*
DVS Editora 2014 - Todos os direitos para a língua portuguesa reservados pela editora.

THE POWER OF LEO
*The revolutionary process for achieving extraordinary results*
Original edition copyright © 2012 by Subir Chowdhury. All rights reserved.
Portuguese edition copyright © 2014 by DVS Editora Ltda. All rights reserved.

Nenhuma parte deste livro poderá ser reproduzida, armazenada em sistema de recuperação, ou transmitida por qualquer meio, seja na forma eletrônica, mecânica, fotocopiada, gravada ou qualquer outra, sem a autorização por escrito do autor.

Capa: Spazio Publicidade - Grasiela Gonzaga
Diagramação: Konsept Design e Projetos

---

Dados Internacionais de Catalogação na Publicação (CIP)
(Câmara Brasileira do Livro, SP, Brasil)

Chowdhury, Subir
   O poder de LEO : processo revolucionário para obter resultados extraordinários / Subir Chowdhury ; tradução Beth Honorato. -- São Paulo : DVS Editora, 2014.

   Título original: The power of LEO : the revolutionary process for achieving extraordinary results.
   ISBN 978-85-8289-038-7

   1. Controle de qualidade 2. Eficácia organizacional 3. Gestão 4. Gestão de qualidade I. Título.

14-04223                                    CDD-658.4013

Índices para catálogo sistemático:

1. Gestão da qualidade : Administração de empresa    658.4013

*Em memória ao meu pai,*
*Sushil Kumar Chowdhury*

# SUMÁRIO

PREFÁCIO
XIII

**Capítulo 1**
INTRODUÇÃO AO LEO
1

**Capítulo 2**
LEO NA PRÁTICA
19

**Capítulo 3**
APAGANDO INCÊNDIOS
37

**Capítulo 4**
CORRIGINDO O FLUXO
55

**Capítulo 5**
COMANDANDO O FUTURO
83

**Capítulo 6**
OUVINDO COM EXTREMA ATENÇÃO
107

**Capítulo 7**
ENRIQUECENDO O PRODUTO
135

**Capítulo 8**
NÃO FAÇA CONCESSÕES, OTIMIZE!
163

**Capítulo 9**
UMA IMPLANTAÇÃO COMPLETA E DETERMINADA DO LEO
191

**Capítulo 10**
A MENTALIDADE DE QUALIDADE
217

ÍNDICE REMISSIVO
231

AGRADECIMENTOS
241

SOBRE O AUTOR
243

# PREFÁCIO

Em 3 de abril de 1973, Marty Cooper foi o primeiro indivíduo com um celular ao ouvido a quase ser atingido por um carro. Ele estava tão absorto em sua conversa, tão entusiasmado com o que estava fazendo, que tentou atravessar uma rua na cidade de Nova York sem olhar para os lados.

Seu entusiasmo era compreensível. Ele estava fazendo a primeira ligação pública em um telefone celular portátil, dispositivo que ele vinha desenvolvendo na divisão de sistemas da Motorola. O celular pesava em torno de 1 kg. A bateria durava 20 min, mas esse não era um problema importante, disse ele: "Porque você não conseguiria manter esse telefone perto do meu ao ouvido por tanto tempo."

Até aquele momento, o celular era um objeto corpulento que ficava alojado no painel de instrumentos dos carros e exigia todo tipo de equipamento em outras partes do automóvel. Entretanto, quando Cooper assumiu a divisão de fabricação de celulares para automóveis, ele se tornou, tal como ele mesmo disse, "um fanático" por **portabilidade**. Cooper anunciou uma competição na Motorola com o objetivo de criar um *design* de telefone celular. Ele escolheu o *design* mais simples, deu início ao processo de fabricação e o testou no prazo de alguns meses, utilizando publicamente naquele mês de abril, no lado de fora do hotel Hilton.

## PREFÁCIO

Esse golpe de mestre histórico de Marty Cooper possibilitou que a Motorola dominasse durante anos o mercado então emergente de celulares, mas a empresa foi lenta em mudar de um dispositivo analógico para digital e em fornecer modelos fáceis de usar. A liderança de mercado passou das mãos da Motorola e de outros fabricantes dos Estados Unidos da América (EUA) para as mãos de concorrentes estrangeiros. Atualmente, os três maiores fabricantes de celulares são Nokia, Samsung e LG Electronics.

E foi assim que outra invenção norte-americana acabou engordando os cofres de concorrentes no exterior. Tudo, desde aparelhos de televisão a limpadores de para-brisa, forno de micro-ondas, calculadoras de mão e à tecnologia de painéis solares, havia seguido o mesmo caminho.

Eu não nasci nos EUA, mas optei por fixar residência e viver nesse país. Eu amo os EUA. E assisti a tudo com tristeza e indignação enquanto cedíamos vantagem competitiva para a China e outros países em desenvolvimento. É verdade, ainda estamos à frente no que se refere **à inovação** e ainda conseguimos chegar primeiro ao mercado. Entretanto, no prazo de alguns meses depois que nossos produtos chegam às prateleiras, nossos concorrentes no exterior já estão devorando nossa refeição.

Quando me pergunto por que isso ocorre, a resposta parece evidente: esses concorrentes conseguiram incorporar qualidade em **nossas** invenções. Eles se apoderam de nossos novos produtos e os tornam melhores em todos os aspectos — mais simples, mais fáceis de usar e menos caros. Não sabemos mais como acertar logo de cara. A verdade dura e crua é que os EUA estão envolvidos em uma guerra da qualidade em nível global — e **estamos perdendo!**

# PREFÁCIO

Quando me encontro com diretores executivos e diretores seniores ao redor do mundo, constato que muito poucos praticam a **qualidade** enquanto estratégia. Sim, eles só falam da boca para fora. Pergunte a qualquer diretor ou gerente, em qualquer nível de qualquer empresa, pequena ou grande, e obterá a mesma resposta: "A qualidade é nossa estratégia central." Em muitas organizações, eles oferecerão uma evidência mais convincente com relação a esse comprometimento: "Afinal de contas, não temos um vice-presidente de qualidade? Não temos um departamento de qualidade?".

Contudo, é exatamente aí, em poucas palavras, que reside a resposta para o que está errado. A qualidade deveria ser — e precisa ser — uma **responsabilidade de todos** se quisermos concretizar nosso potencial e recuperar o terreno que perdemos na guerra da qualidade. Os diretores e gerentes devem, individualmente, assumir a responsabilidade pela missão da qualidade e parar de delegá-la a alguma outra pessoa ou departamento. A qualidade deve reger todos os aspectos de nossas operações e estar permanentemente alojada no âmago de nossa cultura corporativa.

Gary Hirshberg, diretor executivo da Stonyfield Farm, empresa pioneira em alimentos orgânicos, disse bem: "Qualidade, qualidade, qualidade: nunca se desvie dela, mesmo quando você não souber ou enxergar como pode encontrar meios e recursos para mantê-la. Quando você faz concessões, torna-se uma *commodity*, e então você morre."

Este livro apresenta um método de **gestão novo** e de **grande eficácia** que pode nos ajudar a obter qualidade em todos os níveis da organização. Esse método representa uma ruptura significativa em relação a métodos do passado. Ele foi desenvolvido gradativamente à medida que eu e meus colegas participamos de projetos de melhoria de gestão ao longo dos anos. Nós o chamamos

## PREFÁCIO

de LEO, as letras iniciais das palavras em inglês que significam *Listen*[1] (ouvir, observar e compreender), *Enrich* (enriquecer) e *Optimize* (otimizar). Esse método foi aplicado, no todo ou em parte, em dezenas de organizações, que se estendem desde organizações sem fins lucrativos a empresas gigantescas listadas na *Fortune 500*.

Tal como você comprovará nas páginas subsequentes, esse método funciona. Em forma impressa, o LEO foi apresentado pela primeira vez quando publiquei *The Ice Cream Maker* (*O Produtor de Sorvete*), uma pequena história sobre Pete, gerente de fábrica de uma empresa de laticínios em dificuldades que estava tentando vender produtos de sua linha de sorvetes para Mike, gerente de uma filial local de uma cadeia nacional de supermercados. Ao longo das 115 páginas desse livro, Mike ajuda Pete a pôr os princípios do LEO em prática em sua fábrica de laticínios: **ouça** os seus clientes, **enriqueça** os produtos ou serviços que você fornece e **otimize** a experiência dos clientes. Pete segue em frente para transformar as operações e os produtos de sua fábrica — e Mike torna-se seu cliente.

Em determinados aspectos, esse livro estava a uma longa distância das minhas obras anteriores, todas elas discussões sérias sobre sistemas de gestão complexos como **Seis Sigma** e **Design para Seis Sigma**. O que todos eles tinham em comum, contudo, era uma profunda e permanente preocupação com a qualidade. Assim que desenvolvemos o método LEO, escrevi *The Ice Cream Maker* com o objetivo de transmitir sua mensagem sobre qualidade a pessoas de todos os tipos e em todas as categorias de trabalho, das salas de diretoria às linhas de montagem.

---

1 N de T: Na realidade, para manter analogia com o acrônimo em inglês LEO, pode-se, de maneira forçada, traduzir a primeira palavra, *listen*, como sendo "levantar" informações ouvindo, observando e compreendendo todos os envolvidos.

# PREFÁCIO

Esse pequeno livro veio a ser adotado por pessoas em todas as esferas e em todos os cantos do mundo, e então comecei a receber telefonemas e *e-mails* de empresários e organizações sem fins lucrativos que diziam o quanto estavam fascinados com a metodologia LEO. Entretanto, muitos deles também tinham um pedido. "Em *The Ice Cream Maker*, você nos deu uma visão sobre o LEO de 30.000 pés", disseram eles. "Que tal você a reduzir para 5.000 pés?". Eu dava a mesma resposta a todos eles: "Antes de escrever qualquer livro sério sobre o LEO, gostaria de ver como ele de fato funciona quando implantado. Ele está conseguindo promover uma mudança na cultura da qualidade? Ele de fato está resolvendo melhor os problemas e enriquecendo os produtos?".

Assim que o LEO demonstrou sua capacidade, repetidas vezes, em empresas de todos os portes e de todos os tipos, percebi que havia chegado o momento de atender a esse pedido. Este livro é fruto disso. Por meio de uma linguagem de fácil compreensão e não técnica, explico claramente o método LEO para o público da área de negócios e mostro como ele pode ser e foi utilizado com grande sucesso em situações de negócios reais e práticas. Espero sinceramente que você o considere um livro de valor, tanto como uma visão a respeito do sistema operacional de outras empresas quanto como um conjunto de ideias que você desejará levar para a sua própria organização e compartilhá-lo com colegas e amigos.

**Subir Chowdhury**
subir.chowdhury@asiusa.com
www.subirchowdhury.com
Bloomfield Hills, Michigan

Capítulo 1

# INTRODUÇÃO AO LEO

Em 2003, o diretor executivo de um grande hospital da costa oeste dos Estados Unidos da América (EUA) me convidou para uma reunião às 11 h da manhã com ele e sua equipe executiva. "Temos um problema", disse ele. A empresa havia passado por um treinamento no *Seis Sigma* ao longo de várias semanas, com o objetivo de cortar desperdícios e aumentar a eficiência. Contudo, seis meses depois, os resultados foram ínfimos. Ele queria saber se eu poderia ajudá-los.

Ao longo de nossa conversa, fiz a cada um dos seis executivos uma pergunta que a meu ver seria simples de responder: "Como você aprendeu várias ferramentas durante seu treinamento, que porcentagem delas você conseguiu aplicar em seu trabalho?". As respostas me surpreenderam. "50%", respondeu o diretor médico. "30%", disse o diretor financeiro. Todos os seis apresentaram a mesma resposta básica: grande parcela das ferramentas do que eles haviam passado tanto tempo aprendendo simplesmente era inapropriada para as suas necessidades.

De certo modo, isso é **paradoxal**. Em uma era da história em que, mais do que nunca, temos uma abundância de ferramentas de gerenciamento excepcionais para nos ajudar a ampliar verdadeiramente o desempenho, a maioria só conseguiu obter resultados insignificantes. Produção enxuta (*lean*), reengenharia, gestão da qualidade total, *Seis Sigma*: a lista não para de crescer. Inúmeros líderes de grande inspiração — Jack Welch, da General Electric (GE), me vem à mente — conseguiram aproveitar ao máximo essas ferramentas. Entretanto, várias empresas investiram uma imensa quantidade de tempo, energia e dinheiro nessas ferramentas, mas não conseguiram melhorar significativamente sua qualidade operacional.

Após a reunião com os executivos do hospital, convoquei uma reunião com minha equipe. Agora eu é quem estava dizendo: **"Temos um problema."** Do mesmo modo que o restante da comunidade de administração, estávamos introduzindo automaticamente nas empresas o conjunto completo de ferramentas do *Seis Sigma* e outras ferramentas de gerenciamento, sem compreendermos a fundo suas metas, sua cultura e seus principais pontos fortes e fracos. "Precisamos mudar", disse eu. "Devemos começar a customizar as ferramentas para adequá-las às circunstâncias da empresa." O tempo de apresentações padronizadas havia chegado ao fim.

Foi aí que começamos a desenvolver um método de gerenciamento que hoje chamamos de LEO,[1] e desde então passamos todos esses anos pondo essa abordagem à prova empresa após empresa. Seu sucesso foi total porque o LEO não é apenas outra ferramenta de gerenciamento, mas uma **metodologia global** que nos possibilita tirar o máximo proveito da utilização das fer-

---

[1] N. de T.: De *listen* (ouvir, observar e prestar atenção — levantamento), *enrich* (enriquecer ou melhorar) e *optimize* (otimizar).

ramentas de gerenciamento. Em outras palavras, o LEO representa uma nova mentalidade, um método transformacional de pensar sobre as decisões e atitudes que os diretores e gerentes de todos os níveis tomam. LEO é um sistema concebido para ajudar as empresas a melhorar drasticamente seu desempenho, a tornar a qualidade parte de seu DNA corporativo.

> **LEO representa uma nova mentalidade, um método transformacional de pensar sobre as decisões e atitudes que os diretores e gerentes de todos os níveis tomam.**

Hoje, quando visito uma empresa, faço uma explanação sobre a estratégia LEO. Asseguro aos diretores que quaisquer sugestões que fizermos e quaisquer ferramentas que empregarmos serão ajustadas precisamente às necessidades especiais da empresa e à sua constituição específica. Se eles seguirem a metodologia LEO, conseguirão obter uma melhoria fundamental e mensurável na qualidade de suas operações, produtos e resultados financeiros.

Nos capítulos subsequentes, explico detalhadamente os diversos aspectos do LEO. Além disso, por meio de históricos de casos, mostro como ele foi de fato implantado, embora o nome das empresas descritas e algumas vezes os produtos ou serviços que elas fornecem tenham sido alterados para proteger sua confidencialidade. Neste exato momento, contudo, gostaria de lhe apresentar os elementos básicos da estratégia LEO:

- **LEVANTAR: ouvir (*listen*), observar e compreender.** Obter uma profunda compreensão sobre a questão em pauta, pôr de lado suposições passadas e interagir de maneira direta com todas as partes pertinentes — que incluem, especificamente, clientes, fornecedores e funcionários. Acrescentar às nossas constatações quaisquer dados relevantes que for possível revelar.

> *Em uma empresa com duas centrais de atendimento, uma delas estava apresentando muito mais erros de entrada em seu banco de dados do que a outra. Os gerentes achavam que se tratava de um problema de treinamento, supondo que os erros estavam concentrados no terceiro turno, para o qual a maioria dos funcionários recém-contratados era designada. Iniciamos o **processo de levantamento** (ouvir, observar e compreender) procedendo a uma intensa mineração nos dados registrados pela central de atendimento. Quando analisamos os números, descobrimos que na verdade os erros eram cometidos, em sua maioria, no primeiro turno e estavam concentrados em uma única fileira de 20 estações de trabalho — uma fileira próxima às janelas. A luminosidade que atravessava as janelas impedia que os funcionários enxergassem a tela nitidamente. Nossa sugestão para que a empresa cobrisse as janelas foi vetada pelo departamento de relações públicas, que conduzia visitas frequentes na central. Em vez disso, foram instalados vidros foscos nas janelas e filtros de luminosidade em cada estação de trabalho. Houve uma diminuição de 95% nos erros de registro.*

- **ENRIQUECER (*enrich*): investigar e descobrir.** Com base nas informações coletadas, tentamos obter ideias e possíveis soluções junto a todas as partes relevantes. Quanto maior o nosso alcance, maior a probabilidade de irmos além das suspeitas usuais para revelarmos respostas novas e mais adequadas.

> *Em uma divisão hospitalar que atendia a pessoas idosas com problemas neurológicos, como mal de Parkinson ou demência, descobrimos no nosso **processo de observação** que vários pacientes precisavam passar por três a seis exames e aguardar os resultados para só então obter um diagnóstico. Se uma paciente chegasse com a queixa de vertigem, por exemplo, ela poderia passar por um exame de diagnóstico de infecção no ouvido interno; se os resultados fossem negativos, em um ou dois dias ela passaria por novos exames para descobrir outra possível causa; e assim o processo prosseguia com o passar das semanas. Com base em nossas observações e em inúmeras entrevistas com os pacientes e os membros das equipes médicas, criamos um mapa detalhado do processo existente, identificando áreas de desperdício e ineficiência. Diante dessa exposição, entrávamos na segunda fase do LEO **(enriquecer)**, utilizando ferramentas analíticas para desenvolver um fluxo de pacientes novo e aprimorado.*
>
> *Hoje, depois de passarem por uma entrevista detalhada com um geriatra, no primeiro dia os pacientes passam por um conjunto de exames básicos que cobrem a maioria das enfermidades. Em seguida, todos os médicos envolvidos com o paciente reúnem-se para, em conjunto, avaliar os resultados e chegar a um diagnóstico e a um plano de tratamento. As conclusões são então*

> *transmitidas aos pacientes por um neurologista ou geriatra. O processo como um todo pode levar apenas dois dias.*

- **OTIMIZAR (*optimize*): melhorar e aperfeiçoar.** Examinar as soluções que identificamos e escolher a melhor. Submetê-la a qualquer tipo de dificuldade que possamos imaginar e corrigir qualquer toda e qualquer deficiência possível.

> *Quando era descoberta uma nova aplicação para o motor elétrico fabricado por uma empresa, os engenheiros costumavam propor um projeto e submetê-lo a um processo de teste de 12 semanas para verificar se ele de fato funcionava adequadamente. Se ele não passasse na avaliação, os engenheiros propunham outro projeto e realizavam todo o processo novamente. Sugerimos outro método que faz parte da terceira fase do LEO **(otimizar)**. Em vez de nos concentrarmos nos detalhes práticos de um determinado projeto, dirigimos nossa atenção para o objetivo essencial do motor — transformar eletricidade em força de torção e fazer com que o eixo gire. Com o tempo constatamos que, se avaliássemos precisamente a eficiência dessa transformação sob várias circunstâncias, conseguiríamos prever com exatidão se um novo projeto passaria pelo processo de avaliação. Agora, em vez de submeter um novo projeto a um teste de 12 semanas de duração, os engenheiros podem determinar sua qualidade total em 10 min.*

Utilizando rigorosa e sistematicamente um ou todos os procedimentos da metodologia LEO, essas três empresas obtiveram níveis de desempenho bem superiores e, com isso, aprimoraram de maneira mensurável seus produtos, serviços e resultados financeiros. É por isso que o sistema LEO pode encontrar respostas para as perguntas que castigam diretores e gerentes de todos os lugares. Por que as vendas estão em queda? O que posso fazer com relação a essa grande quantidade de refugo? Como posso reduzir esse alto índice de rotatividade? Como posso me equiparar ao preço do concorrente? Por que minha linha de novos produtos está sem pedidos? Como minha empresa pode se tornar líder no setor?

Na análise final, entretanto, as respostas a todas essas perguntas reduzem-se a uma palavra: **qualidade**. A busca interminável por qualidade, por perfeição, é a única e mais importante medida que um indivíduo ou organização pode tomar para resolver seus problemas e concretizar suas metas.

Todos nós sabemos reconhecer a qualidade quando nos deparamos com ela. Lembro-me de ter assistido a um espetáculo de Ravi Shankar, grande compositor indiano e virtuose da cítara. Ele tinha 88 anos na época, mas o padrão que ele estabeleceu para si mesmo e para os músicos que o acompanhavam nunca decaiu. Fosse ou não em um espetáculo, se o desempenho dos músicos não se revelasse perfeito, Shankar lhes lançaria um olhar fumegante. Qualidade acima de tudo.

> **A busca interminável por qualidade, por perfeição, é a única e mais importante medida que um indivíduo ou organização pode tomar para resolver seus problemas e concretizar suas metas.**

Lamentavelmente, a busca por perfeição que costumava ser o atributo inconfundível das atividades de negócios norte-americanas perdeu a força nos últimos anos e nossa economia pagou o preço. A perda de qualidade é evidente em todos os aspectos de nossa vida pessoal e profissional.

Há não muito tempo, comprei dois livros e um CD (*compact disc*) no Amazon.com. Quando meu pedido chegou, faltava o CD, embora o recibo de entrega relacionasse os três itens. Depois de passar 15 min procurando um número de telefone no *site*, consegui entrar em contato com um representante de atendimento ao cliente. Ele ouviu minha história e prometeu enviar imediatamente o CD que estava faltando, sem questionamento. Isso me levou a perguntar se esse tipo de erro ocorria frequentemente. "De vez em quando", ele respondeu. "É um erro humano", completou dizendo.

Não duvido de que a Amazon, tal como a maioria das empresas de consumo, tenta evitar esse tipo de erro. No entanto, todos nós constantemente nos deparamos com algo semelhante em nossas transações com negociantes de todas as espécies. É irritante, e é um sintoma das falhas de qualidade que estão espalhando-se pelo país. E quando essas falhas começam a ocorrer em uma escala mais ampla, isso torna-se assustador.

Desde o momento em que um relatório de 1999 do Instituto de Medicina constatou que os erros médicos cometidos nos hospitais chegavam a provocar até 98.000 mortes ao ano, líderes da classe médica deram início a dezenas de projetos para melhorar a segurança dos pacientes.

Alguns hospitais instalaram sistemas computadorizados de solicitação de medicamentos para diminuir os erros de medicação. Outros instituíram programas para eliminar as infecções, como antissépticos para lavagem das mãos que não utilizam água. A escalação dos médicos internos foi reorganizada para evitar a privação do sono, que pode provocar erros médicos.

Todavia, os resultados foram mínimos. Uma investigação iniciada em 2010 em dez hospitais no Estado da Carolina do Norte constatou que não havia ocorrido nenhuma diminuição apreciável nos danos sofridos pelos pacientes entre 2002 e 2007 — embora esse Estado tivesse sido escolhido para esse estudo porque seus hospitais estavam em primeiro plano no movimento de segurança aos pacientes. De acordo com um relatório federal sobre pacientes hospitalares do Medicare (assistência de saúde governamental a idosos) no mês de outubro de 2008, 13,5% deles haviam sido vítimas de **"incidentes adversos"**, isto é, **erros médicos**. Esses erros contribuíram para a morte de 1,5% dos pacientes, o que equivale a cerca de 15.000 pessoas.

Em uma entrevista ao *The New York Times*, dr. Robert M. Wachter, diretor de medicina hospitalar da Universidade da Califórnia, em São Francisco, deu um resumo das perspectivas sobre a segurança de pacientes:

> "Mudanças processuais, como um novo sistema de computador ou a utilização de *checklists* (verificações), podem ajudar um pouco, mas se isso não for incorporado em um sistema em que os prestadores de serviços estejam envolvidos com as iniciativas de segurança, sejam instruídos sobre como identificar perigos de segurança e corrigi-los e tenham uma cultura de comunicação intensa e trabalho em equipe, os avanços talvez sejam extremamente lentos.[2]"

---

2 Denise Gray, no artigo *Study Finds no Progress in Safety at Hospitals*, publicado no *The New York Times* em 2 de novembro de 2010, p. A1.

Em outras palavras, você não conseguirá uma qualidade real de forma lenta. A organização precisa estar total e continuamente comprometida com a causa. Aristóteles, filósofo grego da antiguidade clássica, disse isso de uma forma mais elaborada: **"Qualidade não é um ato, é um habito."**

## OS QUATRO PILARES

Existem vários caminhos em direção à qualidade. Os projetos LEO, por exemplo, podem levar um mês, alguns anos ou algo em torno disso. Eles podem estar circunscritos a uma única área de uma organização ou abranger a organização como um todo — ou algo entre esses dois extremos. Tudo depende do grau de comprometimento desejado da administração para com o método LEO. Algumas empresas começam timidamente, ficam impressionadas com os resultados e então decidem tentar uma implantação maciça.

Com relação às organizações em que há grande comprometimento para com o LEO, seu sucesso será determinado em grande medida pelo seu nível de comprometimento para com quatro princípios básicos, a que chamamos de **pilares** porque, quanto mais agimos de acordo com eles, mais nossa experiência global com o LEO se alinhará com nossas expectativas.

As atitudes expressas nesses quatro pilares não são arbitrárias: são elementos essenciais e cuidadosamente considerados do método LEO. Assim que eles forem incorporados na cultura de qualquer organização, sua qualidade elevará vertiginosamente.

## 1º) A qualidade é minha responsabilidade.

Na próxima vez em que alguém se postar em uma reunião e falar sobre qualidade, observe cuidadosamente as reações dos participantes. Existe uma grande possibilidade de essas reações estarem totalmente relacionadas ao que as outras pessoas podem fazer para melhorar as coisas. Uma pessoa desejará encaminhar a questão para o departamento de qualidade. Outra encolherá os ombros, dizendo que se trata de uma questão operacional que é melhor deixar a cargo da engenharia. Essa atitude põe por terra qualquer possibilidade de obter uma transformação na qualidade.

A busca por qualidade deve ser uma responsabilidade pessoal e estar refletida em todos os aspectos de seu trabalho. Quando você toma uma decisão, você se pergunta se isso melhorará a experiência do cliente com a empresa? Você pensa sobre se isso melhorará a motivação de seus funcionários? Você pondera sobre se isso fará a iniciativa de qualidade avançar?

> **A busca por qualidade deve ser uma responsabilidade pessoal e estar refletida em todos os aspectos de seu trabalho.**

Essas são as mesmas perguntas indagativas que estamos aprendendo a nos fazer sobre o meio ambiente. Estamos reciclando vidros e papéis? Estamos recolhendo a sujeira deixada pelo cachorro e desligando o aspersor durante a noite? Reconhecemos a necessidade de sermos pessoalmente responsáveis pelo meio ambiente. LEO nos dirige um apelo para que façamos o mesmo por nossas organizações. Quero dizer, deixe que cada um se torne seu próprio departamento de qualidade. Quero dizer, a qualidade é **minha** responsabilidade.

Responsabilidade implica responsabilização, e na organização que adota o LEO não há espaço para o jogo de culpa, o desvio da responsabilidade pelos erros para outras pessoas. Responsabilização sem responsabilidade é moralmente repugnante e contraprodutivo e envenena os relacionamentos e a cultura da organização. Fazer o melhor que você é capaz de fazer é o ponto de partida. Aprender com os erros, realizar corretamente seu trabalho e encontrar novas formas de fazê-lo melhor, esse é o lema de LEO.

## 2º) Todas as pessoas, o tempo todo.

Quantas vezes você teve experiência de frequentar um espaço público em que as latas de lixo estavam transbordando? No final do dia, o zelador vai lá e cata o excesso de lixo, e é provável que ele faça essa mesmíssima coisa todos os dias até o quando se aposentar. Uma lata de lixo maior tornaria seu trabalho mais fácil melhoria consideravelmente a aparência do lugar, mas isso nunca ocorre. O zelador nunca chega a pensar nessa ideia. E mesmo que tenha pensado, é mais provável que jamais a proponha ao seu chefe. Por quê? **"Não é minha obrigação"**, ele diria.

Na implantação do LEO, isso se torna sua responsabilidade. Não há nenhuma maneira de uma empresa obter qualidade sem a dedicação de todo o seu universo de interessados (*stakeholders*) — todo fornecedor e todo distribuidor e também todo gerente e funcionário da linha de frente. A **missão da qualidade pertence a todos, o tempo todo!**

Os líderes têm o dever especial de reforçar constantemente essa mensagem, transmitindo-a em todas as reuniões e encontros com seus subordinados, e devem ser coerentes com seu próprio discurso, demonstrando comprometimento pessoal para com a qualidade em sua vida profissional. Por exemplo, em suas reuniões, você dá oportunidade para que todos falem o que pensam? Essa é uma característica diferencial do método LEO. E se você evidenciar que acha isso importante, suas ideias transmitirão esse comportamento para os níveis hierárquicos abaixo.

> **A missão da qualidade pertence a todos, o tempo todo.**

Os funcionários, seja em que nível for, devem ser tratados como **parceiros plenos** na campanha da qualidade, regularmente estimulados a melhorar de forma contínua seu desempenho e a compartilhar suas ideias para aprimorar seu processo de trabalho. Suas contribuições para a melhoria de qualidade precisam ser reconhecidas e, quando apropriado, amplamente recompensadas.

### 3º) Mentalidade positiva e confiante.

Uma vendedora precisava se encontrar com um cliente em outro Estado. Entretanto, antes de comprar sua passagem aérea, disse-me ela, que tinha de obter a aprovação de quatro níveis de gerentes para viajar. Eu tenho conhecimento de uma empresa que na verdade exige a assinatura do vice-presidente.

Toda gerência que tem tanta insegurança e desconfiança dos funcionários não colherá o benefício do melhor desempenho e dos *insights* revigorantes que eles podem lhe oferecer. Se você trata um funcionário como criança, não espere que ele se comporte como um adulto que tem ideias próprias e busca responsabilidade!

Existe uma relação direta entre as políticas dos líderes e o comportamento e as atitudes de sua equipe de funcionários — e entre essas atitudes e o **quociente de qualidade da empresa**. Na implantação do LEO, a administração precisa desenvolver a autoconfiança dos funcionários e sua disposição para tomar parte da transformação da qualidade.

Isso significa conversar com seu chefe sobre **sua função** no LEO e os aspectos com respeito aos quais você se sente seguro e igualmente inseguro. Isso significa que você deve promover discussões semelhantes com seus subordinados, ajudá-los com os aspectos que eles não compreendem e inspirá-los a ter uma atitude positiva e confiante em relação ao LEO. Os gerentes e o pessoal de linha devem ser estimulados a pensar e agir de uma maneira anticonvencional.

> **Em todas as suas iniciativas para aumentar a confiança das pessoas ao seu redor, a única e melhor maneira de inspirá-las é demonstrar em seus comportamentos diários sua própria confiança e atitude positiva.**

Obviamente, em todas as suas iniciativas para aumentar a confiança das pessoas ao seu redor, a única e melhor maneira de inspirá-las é demonstrar em seus comportamentos diários sua própria confiança e atitude positiva.

**4º) Não existe um único remédio para todos os males.**

É sempre tentador procurar um plano ou um procedimento que possa ser aplicado a toda e qualquer situação. Isso tornaria a vida bem mais simples. Porém, com demasiada frequência, essas soluções revelam-se contraprodutivas. Existem tantos casos especiais e exceções, que, na verdade, uma única solução nunca consegue chegar perto de ser adequada para todas as circunstâncias. Resultado: **muita confusão e desperdício**.

Essa situação desagradável com frequência se revela quando uma empresa adota um programa de qualidade como o *Seis Sigma*, que normalmente é aplicado de forma rígida e sem exceções. Do mesmo modo, copiar um programa de qualidade que apresentou um "sucesso estrondoso" em outra empresa raras vezes dá certo e na verdade pode diminuir o nível de qualidade de sua empresa.

**Toda organização é exclusiva!** Até em um mesmo setor, e em um mesmo local, duas empresas não terão habilidades gerenciais, culturas corporativas ou base de talentos equivalentes. Assim como a transfusão de um tipo sanguíneo incorreto pode acabar com uma pessoa, a infusão de um programa de gestão incorreto pode estropiar uma organização. A implantação do LEO reconhece a absoluta inevitabilidade de criar soluções customizadas às necessidades específicas de uma empresa em particular. Se uma organização já tiver recebido treinamento nas ferramentas do *Seis Sigma*, por exemplo, a implantação incorporaria ferramentas apropriadas do *Seis Sigma* ao programa LEO.

> **A implantação do LEO reconhece a absoluta inevitabilidade de criar soluções customizadas às necessidades específicas de uma empresa em particular.**

O princípio de não se aplicar uma **solução única** para **todos os fins** também é um guia para os relacionamentos durante um projeto LEO. Os líderes de todos os níveis precisam evitar respostas automáticas e impensadas às questões que surgem na campanha da qualidade. A maneira como você sempre lidou com uma situação no passado talvez não seja apropriada em um ambiente que adota o LEO. As iniciativas e reações devem ser consideras apenas com base em sua capacidade de impulsionar ou deter o ímpeto em direção a um nível de qualidade superior — essa é a nova medida.

## FAZENDO PROGRESSOS COM O LEO

No capítulo subsequente, saberemos de que forma o LEO é empregado para lidar com os diversos tipos de desafio confrontados por diretores e gerentes no dia a dia dos negócios. Descreverei e mostrarei os princípios básicos do LEO, oferecendo ideias e constatações sobre esse método de grande eficácia. Você terá oportunidade de ver também a aplicação do LEO aos detalhes práticos de um problema que estava diminuindo o ritmo de recuperação de um desastre natural.

No restante dos capítulos, os estudos de caso apresentarão não apenas histórias incidentais, mas também fatos concretos sobre o trabalho de implantação do LEO, sobre o tipo de problema que se costuma resolver e sobre o tipo de resultado que se pode esperar.

Lembre-se sempre de **levantar** (ouvir, observar e compreender), **enriquecer** e **otimizar**.

**Capítulo 2**

# LEO NA PRÁTICA

É uma pergunta simples. **O que faz mais sentido — investir tempo e energia para evitar os problemas ou resolvê-los?** Muitas empresas interpretam mal a resposta.

Os gerentes reclamam de que ficam tão atarefados confrontando uma crise após outra, que têm sorte quando conseguem realizar suas atividades regulares. Eles afirmam que não conseguem nem mesmo repensar a forma como eles trabalham a fim de diminuir essas crises. Esse modo de pensar conta com o apoio e o estímulo da alta administração, que trata com minúcias excessivas os apagadores de incêndio e praticamente ignora aqueles que os previnem.

As recompensas e glórias vão para as vendedoras que passam duas horas dirigindo o próprio carro, do seu tempo pessoal, a fim de devolver um cartão de crédito a um cliente no aeroporto no momento em que ele está para pegar um avião para a Europa... ou para os engenheiros de outra divisão que são lançados de paraquedas em um projeto para reajustar um novo modelo de bomba imperfeito... ou para a equipe financeira que passa o fim de semana trabalhando para cumprir o prazo do relatório anual. A maioria dos gerentes nem mesmo pensa a respeito, muito menos aplaudem, aqueles que na verdade impedem que as crises aconteçam.

Ano após ano, enquanto apregoamos nosso compromisso para com a qualidade, continuamos concebendo processos falhos e criando produtos e serviços falhos que exigem o socorro dos bombeiros. Recusamo-nos a tomar medidas para evitar esses incêndios — inculcando a missão da qualidade em nossa cultura corporativa, no projeto de nossos produtos e em nossos processos operacionais.

O objetivo do método LEO é fazer essas medidas tornarem-se realidade. O LEO possibilita que uma empresa comprometa-se e consiga verdadeiramente um nível de qualidade sem precedentes em toda a organização. Ao mesmo tempo, ele pode ser aplicado para a solução de problemas imediatos, cumprindo duas funções — de apagar e prevenir incêndios. Vejamos a seguir um estudo de caso que mostra, com certo nível de detalhe, como o LEO funciona.

> **O LEO possibilita que uma empresa comprometa-se e consiga verdadeiramente um nível de qualidade sem precedentes em toda a organização.**

## AJUDA E APOIO

No mundo inteiro, ao que parece, a natureza está em alvoroço. Terremotos, *tsunamis* e tornados têm provocado devastações. Quando os escombros são retirados, muitos habitantes sentem-se determinados a retornar e reconstruir. Trabalhamos com uma fundação que faz isso acontecer.

Na primeira vez em que nos oferecemos a ajudar essa fundação, em maio de 2009, esclarecemos que utilizaríamos o sistema LEO e pedimos para lidar com o problema de gerenciamento mais difícil da organização. A necessidade mais premente, tal como nos disseram, era encontrar meios de melhorar a coleta de dados da fundação sobre todas as suas atividades.

Lembro-me de ter chegado à sede da fundação em agosto daquele ano, exatamente quando o serviço meteorológico anunciava alerta de tempestade. Não parecia ser um bom presságio. Em visita à área mais afetada, vi centenas de lajes de concreto — tudo o que havia restado das antigas casas. Vi também as dúzias de novas casas ou algo parecido que a fundação havia construído — um número desalentador, visto que estava bem aquém da meta de 250. Estávamos determinados a ajudar a acelerar o ritmo.

**Levantar (ouvir, observar e compreender)**

A sede da fundação fica no quarto andar de um prédio de aparência comum. Havia uma equipe de aproximadamente 25 pessoas. Durante oito dias havíamos realizado reuniões de trabalho por satélite com os membros da equipe em nossa sede fora de Detroit. Nesse momento, passaríamos cinco dias com eles.

Depois de algumas horas de reunião presencial com o diretor executivo e seu principal assessor, examinando detalhadamente os processos envolvidos na reconstrução, conseguimos criar um mapa dos processos de alto nível da fundação, composto por apenas cinco quadros:

1. Obter dinheiro para pagar o imóvel, a construção e itens de aparelhamento.

2. Adquirir terrenos para a construção.

3. Ajudar os possíveis proprietários a tomar providências quanto a recursos financeiros e outras necessidades anteriores à aquisição.

4. Construir as casas.

5. Ajudar os proprietários a se acomodar.

Com os integrantes da equipe da fundação, analisamos cada quadro, levantando questões detalhadas para determinar até que ponto os processos estavam funcionando, para identificar gargalos. Sim, disseram eles, havia dinheiro suficiente para acelerar o ritmo de construção. A maioria dos processos nos quadros restantes estava em plena atividade. Entretanto, quando examinamos o quadro de aquisição de terrenos, um apito conhecido soou em nossa cabeça.

Em muitas empresas, os líderes dedicam-se à coleta de dados relacionados a um problema sem levantar as perguntas "**Por quê?**" e "**Como?**" referindo-se ao processo subjacente a esses dados. Em seguida eles implantam uma ou outra ferramenta de gerenciamento morosa e cara na tentativa de resolver o problema.

> **Em muitas empresas, os líderes dedicam-se à coleta de dados relacionados a um problema sem levantar as perguntas "Por quê?" e "Como?" referindo-se ao processo**

**subjacente a esses dados. Em seguida eles implantam uma ou outra ferramenta de gerenciamento morosa e cara na tentativa de resolver o problema.**

---

Quando você se queixa para o seu médico de que está sempre cansado e não está dormindo o suficiente, ele simplesmente não lhe passa uma receita de uma pílula forte para dormir — isso se, pelo menos, ele for um bom médico. Ele lhe pergunta o que tem ocorrido em sua vida e deseja saber se você tem assistido a muito filmes até tarde da noite ou se está tendo problemas na vida doméstica. Em outras palavras, ele vai além dos sintomas e procura causas fazendo perguntas de sondagem.

No decorrer de nosso estudo sobre o quadro de aquisição de terrenos da fundação, descobrimos o gargalo. O problema estava concentrado em dois subprocessos: "Identificar possíveis terrenos para compra na área pretendida" e "Descobrir se a compra era de fato viável". Os processos eram razoavelmente complexos. Era necessário identificar quem eram os proprietários e encontrá-los — um problema que não era pequeno em vista do êxodo subsequente ao desastre. Era preciso verificar as estatísticas de zoneamento, bem como possíveis hipotecas, dívidas de impostos ou outros direitos de retenção sobre a propriedade. A condição física do terreno e a conveniência de sua localização precisavam ser examinadas. Era necessário entrevistar os proprietários para verificar se eles queriam viver em uma nova casa naquele terreno, se desejavam vender a propriedade à fundação ou simplesmente não tinham nenhum interesse pelo projeto como um todo.

Três membros da equipe foram designados para essas atividades, mas eles estavam liberando apenas três terrenos por mês para encerramento e construção. O motivo não era de forma alguma pessoal — todos os três eram dedicados ao trabalho e estavam comprometidos com as metas da fundação. Entretanto, na realidade, eles estavam preocupados com as rotações por minuto e não com os quilômetros por hora. As rodas estavam girando, mas o carro praticamente não saía do lugar.

Cada um havia criado um método particular para lidar com a mesma atividade. Eles iniciaram o processo em estágios diferentes, começaram a coletar dados de diferentes maneiras e empregavam técnicas distintas para registrar as informações. Em um dia qualquer eles podiam resolver mudar a sequência de atividades que costumavam seguir ou se esquecer de onde eles haviam deixado de seguir a sequência e ter de recomeçar tudo do zero.

Essa confusão se estendia para as suas interações com a administração. Algumas vezes eles eram obrigados a interromper as negociações com o proprietário de um terreno para confirmar com o diretor executivo se a empresa estava disposta a aceitar o preço proposto pelo proprietário. Havia ocasiões em que o diretor executivo aprovava a compra, confiando no **"atestado de saúde"** dos membros da equipe, mas tempos depois, quando o dinheiro já havia trocado de mãos, descobria-se que a propriedade estava alienada.

### Enriquecer

De posse de todos os conhecimentos sobre a situação em campo, tínhamos uma base para desenvolver uma solução. Fizemos uma lista de todas as atividades do quadro de aquisição de terrenos.

Em seguida, reunimo-nos com o diretor executivo e três assessores dele e, aos poucos, no espaço de várias horas, tentamos colocar todas essas atividades dentro de uma sequência lógica e gradativa. Houve discussões na sala, algumas vezes acaloradas, sobre vários assuntos, mas quando a reunião acabou todas as partes ficaram satisfeitas com o resultado.

Essa sequência tornou-se o ponto de partida para a elaboração de um novo modelo de procedimento operacional para o processo de "aquisição de terrenos". Criamos instruções sobre como cada etapa do processo deveria ser conduzida.

Uma planilha poderia ajudar os integrantes da equipe a saber em que ponto eles se encontravam no processo em qualquer momento e também ajudaria a documentar o que eles estavam fazendo em cada fase ao longo do caminho. Todo contato com os proprietários dos terrenos e todo telefonema para uma determinada fonte deveriam ser anotados e registrados. Seria necessário desenvolver modelos de formulário para obter dados de algumas fontes (órgãos do governo, por exemplo). Com um roteiro de chamada telefônica, poderíamos garantir que todos os pontos essenciais fossem cobertos e que a equipe utilizasse as palavras corretas. Ferramentas e fontes de informações novas e mais eficientes seriam identificadas e fariam parte do processo. Quando era difícil localizar um determinado proprietário, nesse caso, iria se recorrer a ajuda de organizações de rastreamento de pessoas.

Houve uma mudança importante: o diretor executivo estabeleceu um limite monetário em relação ao valor que a fundação estaria disposta a pagar por uma propriedade — o que incluía não apenas o preço de venda, mas também o custo de qualquer embargo pendente à propriedade — e os membros da equipe que trabalhavam no quadro de "aquisição de terrenos" não precisariam mais o incomodar toda vez que surgisse uma dúvida financeira durante a negociação com algum proprietário. Esse limite poderia ser atualizado quando necessário.

**Otimizar**

Assim que os vários elementos da solução foram identificados, eles foram submetidos a um exame rigoroso para confirmar se o processo continuaria a funcionar em circunstâncias inesperadas mas não impossíveis — falta de energia, por exemplo. A meta, afinal de contas, era não apenas apagar incêndios, mas também evitar que eles ocorressem novamente.

Estabelecemos uma programação para colocar todas as peças em seu devido lugar. Designaram-se funcionários para lidar com a maioria das atividades, desde a redação do roteiro de chamadas telefônicas à preparação de modelos de formulário para solicitação de dados.

> **A meta era não apenas apagar incêndios, mas também evitar que eles ocorressem novamente.**

Assim que as planilhas foram preenchidas, o processo reestruturado foi amplamente testado e os resultados avaliados. Houve alguns ajustes. Por exemplo, estabelecimento de um tempo previsto para conclusão de cada atividade do processo pelos integrantes da equipe. Essas previsões revelaram-se muito extensas em alguns casos e muito curtas em outros.

Entretanto, em pouco tempo se percebeu que as mudanças haviam transformado o quadro de "aquisição de terrenos". As confusões e os erros anteriores haviam sido eliminados, e o tempo necessário para concluir o processo foi diminuído drasticamente. Em geral, cada um dos três membros dedicados ao processo levava um mês para declarar que era "viável adquirir" um determinado terreno. Hoje, a pessoa que utiliza essa planilha normalmente pode fazer de 15 a 20 declarações por mês de viabilidade de aquisição.

## FOGO, FLUXO E FUTURO

Ao estruturar o LEO, escolhemos três áreas gerais da atividade corporativa nas quais reside o potencial de qualidade e em que as funções do LEO (levantar, enriquecer e otimizar) poderiam ser aplicadas com maior eficácia. Essas três áreas são: **fogo** (incêndio), **fluxo** e **futuro**. O **fogo** ou incêndio refere-se a um problema específico e com frequência repentino em qualquer área da organização. O **fluxo** diz respeito às operações da empresa. E o **futuro** abrange novos produtos e serviços.

Como você verá nos capítulos subsequentes, a maneira como o LEO é empregado para lidar com essas três áreas varia, dependendo da circunstância. A solução é concebida para corrigir o problema, levando em conta os pontos fortes e fracos da organização e as metas de seus dirigentes.

## Fogo (incêndio)

As causas de um problema podem ser óbvias ou não, e nesse último caso elas precisam ser desvendadas; elas podem ter pouquíssima importância ou então ser tão grandes e complexas a ponto de precisarem ser reduzidas a uma magnitude em que possam ser solucionadas — por exemplo, sementes resistentes à seca em contraposição à fome mundial. Contudo, para apagar qualquer incêndio, é necessário conhecer a fundo a empresa e a causa ou as causas subjacentes do problema. O primeiro passo é **ouvir** (observar e compreender), entrevistando todos os funcionários mais próximos do problema, bem como seus supervisores. Em seguida, normalmente passamos para a segunda fase — **enriquecer** (investigar e descobrir) —, em que imaginamos soluções possíveis com base nas sugestões oferecidas por funcionários e gerentes da linha de frente, bem como de clientes e fornecedores, quando apropriado.

> **Para apagar qualquer incêndio, é necessário conhecer a fundo a empresa e a causa ou as causas subjacentes do problema.**

Dependendo do patamar de implantação do LEO, mudamos para a terceira fase — **otimizar** (melhorar e aperfeiçoar), que procura criar medidas para impedir a reincidência do problema. A intensidade com que o LEO é utilizado para evitar e não simplesmente para apagar incêndios depende da liderança da organização.

Algumas vezes a primeira fase é suficiente para apagar um incêndio.

Fomos convocados pelo presidente da divisão de uma empresa de alumínio que estava produzindo grandes rolos de chapas metálicas, de 1,8 m de diâmetro, e os enviava para os distribuidores. Cada carregamento transportava diferentes categorias de chapas que eram identificadas por faixas afixadas nos paletes.

Os distribuidores estavam reclamando. De acordo com os homens que dirigiam as empilhadeiras para descarregar os paletes, para conseguir enxergar os rótulos nos rolos eles tinham de descer da empilhadeira. Eles precisavam saber o que havia nos paletes para colocar os rolos no local exato do depósito. A certa altura, o presidente estava recebendo tantas reclamações, que, mesmo com o dinheiro apertado, ele gastou US$ 50.000 em rótulos novos e fáceis de ler, embora isso não tenha posto fim às queixas. O presidente estava enfurecido. "Eu consegui ler o rótulo a 6 m de distância", afirmou ele, "e meus olhos nem são tão bons". Acho que os manobristas das empilhadeiras simplesmente gostam de reclamar."

Ao longo do nosso trabalho com essa empresa em uma série de outras questões, incentivamos a diretoria a ouvir as partes interessadas (*stakeholders*) observando seus processos operacionais. Essa ideia chegou a uma funcionária da linha de frente que estava a par das inquietações dos manobristas de empilhadeiras. Ela propôs que alguém deveria visitar o local, e o presidente concordou. Ela pegou um voo para visitar o depósito mais próximo, onde descobriu que ninguém tinha algum problema para ler os rótulos antigos e novos a partir do chão. O problema estava na forma como os rolos estavam sendo postos nos paletes e nos caminhões, pois os rótulos apresentavam um desvio de 90° em relação à posição de direção dos manobristas. A solução foi simples: mudar o processo de rotulagem para que os rótulos sempre ficassem em uma posição em que os manobristas das empilhadeiras conseguissem enxergá-los.

**Fluxo**

O aspecto operacional de qualquer organização sempre me faz lembrar dos rios, onde vários processos fluem em direção a outro, começando pelas matérias-primas na nascente e terminando com os produtos acabados que surgem na embocadura. Obviamente, nenhum rio flui em linha reta e de maneira uniforme — sempre existem curvas e contornos e pedras e obstáculos ocasionais que interrompem o fluxo. De modo semelhante, nunca nenhuma empresa atingiu a perfeição em seus processos operacionais. A **qualidade total** sempre será uma **meta**, e não uma **realidade**.

Em determinadas empresas, basta entrar para notar rapidamente que o fluxo de trabalho é bom. É como assistir a um time de futebol norte-americano importante no dia do jogo — você pode ver a comunicação entre os jogadores da equipe, os ajustes realizados para neutralizar os ataques dos adversários em campo e o desenvolvimento tranquilo e eficiente das jogadas. Mas daí você entra em outra empresa qualquer e percebe o oposto. O processo operacional parece mover-se aos trancos. Os trabalhadores (funcionários) vacilam à medida que eles passam de uma estação de trabalho para outra; vemos expressões faciais de perplexidade ou preocupação.

> **Nunca nenhuma empresa atingiu a perfeição em seus processos operacionais. A qualidade total sempre será uma meta, e não uma realidade.**

Naturalmente, muitos problemas operacionais não são visíveis à primeira vista. Esse foi o caso quando visitamos um grande hospital do centro-oeste dos EUA que nos havia pedido ajuda. Havia ocorrido uma quantidade inaceitavelmente grande de não comparecimento e de cancelamentos de última hora nos exames médicos ao longo de um período de tempo considerável. Em alguns casos, os pacientes não estavam recebendo os exames dos quais eles precisavam. A programação de horários estava ficando desorganizada, e o hospital estava perdendo dinheiro. A administração acreditava que isso se devia em grande parte ao fato de os pacientes não obterem antecipadamente a aprovação da empresa de seguro-saúde para os exames.

Não era esse o caso. A primeira fase do LEO, ou seja, o *listen*, constitui-se principalmente em ligações telefônicas para os próprios pacientes quando se constatou que muitos deles haviam apenas se esquecido do exame marcado. Como o hospital tinha vários prédios, outros não sabiam a qual deles eles deveriam ir. Alguns outros haviam se lembrado do horário do exame e encontrado o prédio correto, mas não haviam seguido as instruções prévias para realizar o exame — que alimentos comer ou que medicamentos tomar. A questão da empresa de seguro-saúde tinha importância mínima.

Obviamente, o processo de preparação do paciente era falho. Ao passar para a segunda fase do LEO (enriquecer), para procurar soluções conversamos com todas as partes afetadas, incluindo a equipe hospitalar e os pacientes. Examinamos também programas de melhores práticas de outros hospitais. Na fase de otimização, escolhemos duas abordagens: os pacientes receberiam um prospecto pelo correio com um mapa do hospital, bem como instruções para se preparar para um determinado exame; além disso, no dia anterior ao exame eles receberiam um telefonema de notificação de seu compromisso e dos preparativos necessários. Essas duas abordagens foram cuidadosamente concebidas e reestruturadas para se ajustar a qualquer eventualidade e, em seguida, foram testadas seletivamente.

Assim que o novo processo começou a funcionar, houve uma diminuição de mais de 50% nos cancelamentos de exame.

**Futuro**

Tanto para as organizações quanto para as pessoas, qualquer esforço em se prender ao presente — manter o *status quo* indefinidamente — é um **desperdício** de energia e recurso. A mudança é intrínseca a nossa vida pessoal, e temos a opção de nos adaptarmos a ela ou sofrermos as consequências. Tal como ressaltou o general Eric Shinseki, ex-chefe do Estado-Maior do Exército dos EUA: "Se você não gosta de mudança, gostará ainda menos de irrelevância."

As empresas têm basicamente duas opções para se prepararem para o tipo de mudança intensa e acelerada que caracteriza o mercado moderno. Elas precisam desenvolver **flexibilidade**

**interna** e **melhorar constantemente** seus **produtos** e **serviços**. Hoje, a validade ou a vida útil dos produtos e ideias é tão curta, que, na realidade, todos nós somos obrigados a **viver no futuro**!

Do ponto de vista do LEO, o futuro representa uma oportunidade para incorporar uma qualidade ainda melhor no processo de inovação. A abordagem de levantar, enriquecer e otimizar pode gerar benefícios fundamentais para o desenvolvimento de novos produtos ou o aprimoramento dos existentes.

Por exemplo, um fabricante de aglomerado de madeira estava recebendo reclamações das fábricas de móveis para as quais ele fornecia o produto: as escrivaninhas e as mesas fabricadas com o material estavam quebrando quando se colocava algo pesado sobre elas. As tábuas eram compostas pele miolo e duas camadas externas, mais um acabamento bem fino de carvalho ou alguma outra madeira. Utilizava-se resina para fortalecer as tábuas, a maior das partículas ásperas e mais fortes da resina era colocada na camada do meio.

> **O futuro representa uma oportunidade para incorporar uma qualidade ainda melhor no processo de inovação.**

Na primeira fase do LEO (*listen*, que pode ser entendida também como levantar), coletamos dados tanto das fábricas de móveis quanto de seus clientes finais para compreender como as tábuas estavam de fato sendo utilizadas no mundo lá fora. Alguns clientes finais, além de utilizar a escrivaninha apenas para escrever, costumavam também se sentar sobre ela.

Na segunda fase (enriquecer), analisamos a firmeza fazendo diferentes combinações com os elementos — mais ou menos resina, maior ou menor quantidade de partículas nas tábuas, mais ou menos calor ou pressão.

Assim que identificamos os ajustes que eram mais importantes para o processo de fabricação, entramos na terceira fase (otimizar). Empregamos uma técnica destinada a melhorar a estrutura do processo de fabricação. No final, a resistência das tábuas aumentou consideravelmente — e o respectivo custo de fabricação na verdade diminuiu.

## CHEGANDO AO PONTO ESSENCIAL DA QUESTÃO

Até este ponto do livro, tentei lhe apresentar os aspectos básicos do LEO — a teoria e a prática desse método. Evitei descrever os detalhes passo a passo e outras ações reais que são parte essencial de qualquer projeto. Nos três capítulos subsequentes, você começará a se envolver mais intimamente com o LEO:

- Capítulo 3: Apagando incêndios em uma fábrica de balas de goma.

- Capítulo 4: Restaurando o fluxo do processo de solicitação de cotação em uma fábrica de brinquedos.

- Capítulo 5: Criando um produto futuro em uma fábrica de automóveis.

Nesses capítulos, você conhecerá algumas das técnicas e ferramentas de gerenciamento específicas que utilizamos habitualmente na implantação de projetos LEO. Você encontrará, assim espero, ideias práticas que podem ser aplicadas em sua organização. E com certeza aprenderá muito a respeito de balas de goma, fabricação de brinquedos e freios de automóvel.

Capítulo 3

# APAGANDO INCÊNDIOS

Estava em reunião com o diretor executivo de uma grande empresa de fabricação de alimentos quando ele zombou da falta de *know-how* (conhecimento) de *marketing* entre as principais empresas do setor de automóveis dos EUA. "Talvez seja verdade", disse, "mas acho que posso lhe provar que sua empresa enfrenta o mesmo tipo de problema". Em seguida, dei o troco:

"Qual é o segmento de clientes mais importante de sua empresa?"

"Os *boomers*."[1]

"Qual foi a última vez que o senhor se encontrou com um *boomer* para confirmar o que ele pensa a respeito de seus produtos?"

"Não faz parte do meu trabalho. Isso depende do pessoal de desenvolvimento de produtos e *marketing*."

"O senhor é exatamente como os principais executivos do setor de automóveis", concluí. "Eles nunca sabem o que é comprar um carro porque adquirem o deles de graça, e o senhor nunca tomou a iniciativa de interagir com seus clientes mais importantes."

Esse diálogo não me fez exatamente conquistar a afeição do meu

---

1   N de T: Os *baby boomers* são as pessoas que nasceram no período de 1946 a 1964.

interlocutor. Contudo, uma semana depois, ele me ligou e pediu com insistência para que passasse dois dias em sua empresa para uma visita. "Do que se trata?", perguntei. Parece que ele havia perguntado aos principais integrantes de sua equipe de desenvolvimento de produtos e *marketing* se eles estavam mantendo contato com os *baby boomers*. Não estavam. Tal como o diretor executivo, eles tinham pessoas de todos os naipes cuja responsabilidade era elevar o nível de qualidade da empresa, mas eles não estavam pessoalmente envolvidos.

> **Tal como o diretor executivo, eles tinham pessoas de todos os naipes cuja responsabilidade era elevar o nível de qualidade da empresa, mas eles não estavam pessoalmente envolvidos.**

Ao final da minha visita, reuni-me com toda a equipe executiva, e ali iniciei um teste de degustação cega de um dos produtos da empresa, que era vendido por US$ 2, enquanto um produto concorrente era vendido por US$ 1,75. **Sem saber de nada, os executivos preferiram o sabor do produto concorrente!**

Foi aí que o diretor executivo resolveu definitivamente precisaria de nossa ajuda, e que cortar os custos da fábrica de chocolate e balas de goma seria um bom ponto de partida.

## A FABRICAÇÃO DE BALAS DE GOMA

Imagine um prédio de tijolos cerâmicos de um andar da década de 1930 com um pequeno jardim e cerca de metal — parecido com as antigas escolas primárias que um dia frequentamos, com exceção de que era bem maior. Dentro, um ruído inacreditável. Máquinas imensas, com metade do tamanho de um semirreboque, emitem um som agudo e um gemido sob um teto de pé direito baixo de 4 m. Os 45 operadores que tocam as linhas de produção usam protetores de ouvido, por um bom motivo. Eles usam também o uniforme habitual de quem trabalha na fabricação de alimentos: macacão branco e redes de cabelo. Uma névoa de amido de milho espalha-se pelo ar e sob os pés um torrão de migalhas de goma.

A fábrica nunca dorme. Três turnos por dia, sete dias por semana, e o chocolate e as balas de goma não param de girar. O chocolate compõe **75**% da produção. Porém, em termos de margem de lucro, os dois são iguais. Na verdade, o mercado de balas de goma da empresa ultrapassou tanto a capacidade da fábrica, que foi necessário terceirizar 12% do total de produção, avaliada em US$ 5 milhões.

A primeira fase do método LEO (*listen*) começou com um levantamento das operações de chocolate e balas de goma para distinguir os problemas e identificar o "incêndio" mais oneroso. Depois de examinar os dados e conversar com a administração, concentramo-nos na operação de balas de goma. Isso não quer dizer que não houvesse problemas urgentes na área de chocolate, mas eles perdiam a importância diante das oportunidades na operação de balas de goma.

Com base em nossas conversas com a administração e o pessoal da linha de frente, identificamos três áreas problemáticas na produção de balas de goma:

1º) Muito desperdício.

2º) Produção insuficiente.

3º) Embalagens com sobrepeso.

Quando comparamos os dados financeiros das três áreas, nossa meta ideal tornou-se óbvia. Diminuir o peso das embalagens poderia economizar US$ 1 milhão por ano, ao passo que a resolução dos dois outros problemas geraria uma economia total de apenas US$ 400.000.

Entretanto, a oportunidade de diminuir o peso das embalagens apresentava algumas complicações. De acordo com as regulamentações governamentais, os sacos que indicam 3,5 onças (em torno de 99,22g) no rótulo devem ter no mínimo esse peso, em média, e nenhum saco isolado deve pesar menos de 3,2 onças (90,72g). Esse regulamento reconhece que o processo de fabricação está sujeito a erros ocasionais e permite que alguns sacos fiquem abaixo do peso exigido de 3,5 onças. É por isso que você algumas vezes leva uma caixa de barras de chocolate da Costco e vê que há somente sete barras na embalagem, e não as oito prometidas. Essas coisas acontecem. Obviamente, se elas ocorrerem com muita frequência, é provável que você **pare de comprar barras de chocolate dessa marca**, e os fabricantes se esforçam para evitar esse tipo de variação em seus produtos.

No caso das embalagens de balas de goma, a variação no peso era tão grande que havia apenas uma forma de o gerente de fábrica ter certeza de que eles cumpririam a promessa de 3,5 onças impresso no exterior da embalagem e não ficariam abaixo do limite de 3,2 onças. Ele procurou garantir que os sacos pesassem em média 4 onças (em torno de 113,4g) e alguns chegavam a pesar 5 onças (cerca de 41,75g). A possibilidade de economizar US$ 1 milhão com sorte seria concretizada se a fábrica conseguisse diminuir o peso médio da embalagem para menos de 3,5 onças.

O processo de fabricação de balas de goma parece suficientemente simples em teoria. Uma bandeja de plástico é movida para a frente por uma esteira rolante. Uma daquelas máquinas imensas, chamada de *mogul*, deposita uma camada fina de amido de milho na bandeja e uma raspadeira nivela a camada. O equipamento *mogul* abaixa uma máquina de moldagem que cria 1.000 impressões pequenas idênticas ou moldes na camada de amido. Em seguida, os bocais do *mogul* enchem cada molde com uma mistura doce de xarope que servirá como miolo (recheio) da bala de goma. A bandeja é movida para uma câmara frigorífica, onde fica por 24 h para que o miolo se torne sólido e mastigável.

Após o período de solidificação de 24 h, a bandeja é removida da câmara frigorífica e virada em um crivo de aço inoxidável. Os recheios das balas de gomas são apanhados pelo crivo, enquanto o amido de milho é espalhado pelo crivo e reciclado para repetir o procedimento. A bandeja é transferida para uma pilha e também volta à estaca zero. Os recheios seguem para um equipamento que se parece com uma betoneira, onde ficam girando a centenas de rotações por minuto. Acrescenta-se açúcar para formar o revestimento duro das balas e uma camada de cera comestível é aplicada para dar brilho. Em seguida, elas são embaladas.

Em algum ponto dessa linha de produção na fábrica da empresa havia uma falha que estava influindo no peso das embalagens. O que complicava a identificação dessa falha era o fato de o processo de produção ser contínuo e muito rápido. Havia três linhas de bandejas e cada uma tinha um conjunto próprio de *moguls* que produzia milhões de recheios de bala de goma por hora — bandeja após bandeja.

Para dar continuidade à primeira fase do LEO, fomos além da declaração do objetivo do projeto — "Reduzir/eliminar o sobrepeso das embalagens das balas de goma" —, para obtermos uma definição ou meta mais dirigida à ação. Para isso, ficamos próximos à balança, observando as embalagens finalizadas serem fechadas a um ritmo de duas por segundo. Quando uma embalagem particularmente pesada chegava, a separávamos. Abríamos dezenas delas, contávamos o número de balas em cada uma e pesávamos cada uma das balas. Era uma tarefa tediosa, mas os resultados valeram a pena.

> **Para dar continuidade à primeira fase do LEO, fomos além da declaração do objetivo do projeto — "Reduzir/eliminar o sobrepeso das embalagens das balas de goma" —, para obtermos uma definição ou meta mais dirigida à ação.**

Havia uma variedade de teorias na fábrica sobre o motivo da variação do peso. Isso não é incomum. As pessoas que trabalham em uma fábrica costumam saber bem como ela funciona e com frequência suas ideias acabam se revelando corretas de uma forma ou de outra. Os problemas que elas relacionaram são problemas de fato, mas normalmente não são **o** problema — a causa real por trás da questão em pauta, nesse caso o excesso de peso das embalagens. A identificação da causa básica de um problema urgente exige uma abordagem lógica, flexível e sistemática. É isso o que o método LEO oferece.

> **As pessoas que trabalham em uma fábrica costumam saber bem como ela funciona e com frequência suas ideias acabam se revelando corretas de uma forma ou de outra.**

Uma das teorias favoritas na seção de produção era de que havia alguma avaria na máquina embaladora, que é configurada para produzir embalagens com de 3,5 onças de peso. As embalagens são completadas automaticamente por uma série de cestos, um após outro, até o momento em que se atinge o peso ideal. O que descobrimos nas embalagens com sobrepeso foi um número exagerado de balas abaixo do peso. Por isso, a máquina estava lançando uma quantidade extra de balas em um número considerável de embalagens, elevando o peso para 5 onças.

Portanto, estava correto, a embaladora era parte do problema. Porém, não se tratava da causa básica. O que estava provocando a variação de peso nas embalagens era a variação no peso de uma quantidade considerável de balas — especificamente, havia muitas balas abaixo do peso.

Nesse momento, podíamos redefinir nossa meta imediata: "Reduzir/eliminar a produção de balas abaixo do peso". Passamos da **"embalagem com sobrepeso"** para **"produto abaixo do peso"**. Com essa constatação, estávamos prontos para dar início à segunda fase do LEO: **enriquecer**.

Antes de prosseguir, gostaria de esclarecer o que pretendo dizer com **"nós"**. Existem basicamente duas partes em um projeto LEO — os **mentores**, isto é, nós, e a **administração** e os **funcionários** do local. O planejamento e o trabalho físico são executados por uma equipe formada pelos engenheiros e o pessoal da linha de frente da empresa. Ao longo do projeto, somos guias e parceiros. Sem a participação da administração e dos funcionários, não existe "nós" nem nenhum projeto LEO.

## IDENTIFICANDO O FOCO DE UM INCÊNDIO

A revelação da causa básica de um incêndio, isto é, de um problema urgente, tem muito a ver com a identificação precisa do perpetrador de um assalto a banco. Utilizamos o raciocínio dedutivo para eliminar o máximo de suspeitos (prováveis causas básicas), estreitando o campo para que possamos examinar mais de perto os suspeitos restantes. É bem mais eficiente do que partir de uma investigação detalhada sobre um grande grupo de suspeitos.

> **A revelação da causa básica de um incêndio tem muito a ver com a identificação precisa do perpetrador de um assalto a banco.**

Para fazer a triagem de suspeitos, o método LEO para identificação do foco de incêndio normalmente emprega uma análise ramificada, que no final se parece com uma árvore genealógica. Partindo do topo, com a declaração do projeto, a árvore é decomposta em uma série de linhas conectadas e quadros paralelos.

No caso das balas de goma, abaixo da declaração do projeto foram anexados três quadros lado a lado denominados "revestimento de açúcar", "camada de cera" e "recheio da bala". A dúvida era: será que possíveis disparidades no revestimento de açúcar e de cera comestível nos recheios das balas seriam responsáveis pelo peso inferior ou o problema encontrava-se na fabricação dos próprios recheios? Os testes revelaram que, mesmo que esses revestimentos fossem desiguais, eles não poderiam provocar essa grande variação de peso. Os quadros "revestimento de açúcar" e "camada de cera" na árvore ramificada agora poderiam ser eliminados, mantendo apenas o terceiro quadro intacto: a causa básica das balas com peso inferior deveria ser identificada na fabricação dos recheios.

O foco da investigação passou a ser a quantidade considerável de bandejas que transportavam recheios abaixo do peso. Estariam esses recheios abaixo do peso em uma determinada bandeja — de acordo com um padrão totalmente aleatório — ou estariam eles em uma ou várias áreas da bandeja, segundo um padrão aleatório em cada área? Para responder a essa pergunta, utilizamos um gráfico multivariado, um método para exibir padrões de variação. Basicamente, examinamos as dezenas de bandejas para identificar padrões de variação de peso que correspondessem com as variações que havíamos detectado antes abrindo todas as embalagens de balas com essa característica.

A análise multivariada revelou que os recheios abaixo do peso estavam sendo gerados em um determinado canto de todas as bandejas afetadas, que representavam cerca de 150 dos 1.000 recheios de bala de cada bandeja. Esse resultado nos permitiu eliminar os quadros da árvore ramificada que propunham outros locais prováveis de recheio abaixo do peso. Isso também significava que poderíamos afastar qualquer consideração de que o local dos recheios abaixo do peso pudesse variar de bandeja para bandeja. Agora, só precisávamos identificar que parte da linha de produção estava afetando um número tão grande de bandejas.

Mais uma vez, isso se resumia em um processo eliminatório. Haveria algum tipo de avaria nas matrizes que criavam os moldes nos quais o xarope era colocado? Descobrimos que o amido de milho algumas vezes se acumulava entre as matrizes e ocasionalmente poderiam produzir alguns moldes imperfeitos nas bandejas, mas não de acordo com os padrões que correspondiam aos resultados da análise multivariada e não em um número tão grande.

**Havia algum problema na distribuição do xarope?** Se houvesse uma vibração na parte do *mogul* que alimenta os bocais de xarope, a distribuição do xarope poderia ser interrompida e quantidades menores poderiam ser despejadas em alguns moldes. Uma vez mais, não havia nenhum indício de que estaria ocorrendo um problema desse tipo — e mesmo que isso ocorresse, de forma alguma isso poderia reproduzir o padrão multivariado dos recheios abaixo do peso.

Nosso passo seguinte foi analisar a distribuição de amido de milho. Foi aí que fizemos uma descoberta valiosa — duas vezes seguidas. Tal como dissemos antes, havia amido de milho por toda parte da linha de produção, no ar e sob os pés. Nuvens de amido eram produzidas na reciclagem quando os operadores lançavam pás de amigo retiradas de sacos de 22,5 kg nas áreas de armazenagem nos *moguls* e quando os *moguls* despejavam o amido sobre as bandejas para gerar moldes para o xarope de goma.

Quando analisamos de que forma o amido era despejado, observamos que ele percorria uma distância de apenas 46 cm até chegar à bandeja. Mas esse fluxo era interrompido por uma travessa que fazia parte do suporte estrutural do *mogul*. Na parte superior dessa travessa havia um espesso acúmulo de amido, semelhante a quando a neve se acumula em uma cerca.

O local da travessa coincidia com a área das bandejas em que os recheios abaixo do peso haviam sido identificados. Concluímos que essa travessa diminuía a quantidade de amido despejada nessas áreas, impedindo a formação de moldes normais e, portanto, de recheios com peso normal.

Você deve estar se perguntando por que nenhum dos operadores nunca olhou para cima e notou aquela travessa? **Boa pergunta!** Por um lado, várias operações realizadas pelo *mogul* são fechadas — é difícil acessá-las e observá-las. Por outro, o processo é tão rápido que os operadores ficam com a cabeça e as mãos totalmente ocupadas para acompanhar esse ritmo.

Havia apenas um problema em nossa solução para a travessa. Se ela fosse a causa básica dos recheios abaixo do peso, por que nem todas as bandejas que passavam pela linha produção eram afetadas? Precisávamos de uma solução melhor — uma causa básica completa. Como Yogi Berra sabiamente ressaltou: **"O jogo só acaba quando termina."**

Para confirmar nossas conclusões até aquele momento, enchemos as bandejas manualmente com amido e fizemos uma produção limitada. Dessa forma, eliminamos qualquer efeito que a travessa pudesse ter, e as variações no peso dos recheios na verdade desapareceram. Portanto, a travessa era um fator da causa básica, mas estava claro que algo mais estava faltando — e fosse o que fosse, estava relacionado com a distribuição de amido nas bandejas.

Dois novos quadros paralelos foram inseridos na árvore ramificada para abordar a distribuição de amido pelo *mogul*: **muito amido** ou **pouco amido**. Sabíamos que o sistema poderia acomodar um excesso de amido; ele seria removido automaticamente pela raspadeira que nivelava o amido na bandeja. Portanto, testamos o efeito de distribuir uma quantidade de amido abaixo do normal nas bandejas — e fizemos uma descoberta surpreendente.

O que impedia a formação apropriada de moldes de goma no canto das bandejas em que os recheios abaixo do peso apareciam era a associação entre o problema de uma quantidade menor de amido de milho e do problema da travessa.

Quando as bandejas em movimento rápido aproximam-se dos dispensadores de xarope, elas são inspecionadas por um operador. Quando ele vê pontos mal formados ou que estão faltando moldes, ele pressiona um botão para impedir que essas bandejas passem pelo estágio do xarope e não prossigam no ciclo de produção.

Entretanto, algumas vezes o operador não consegue ver as bandejas em que faltam moldes. Essas bandejas então são movidas para os dispensadores de xarope. Quando o xarope é depositado na área das bandejas em que não há camada de amido ou essa camada é particularmente fina, o líquido fica na superfície das bandejas. E depois que as bandejas são transferidas para a câmara frigorífica, o xarope em sua superfície congela e transforma-se em uma fina camada de goma. Por falta de uma palavra melhor, a chamamos de glóbulo (*glob*), e ela permanece ali até o final da linha de produção.

A princípio nos pareceu que, tal como no caso das bandejas, havíamos atingido o ponto final em nossa busca pela causa básica dos recheios abaixo do peso. Contudo, resolvemos acompanhar as bandejas que continham o glóbulo desde o início do processo de fabricação das balas.

Supervisionamos de perto as bandejas com a goma no canto do momento em que elas eram empilhadas e retornavam ao início da linha de produção e do momento em que eram cobertas por amido e raspadas ao momento em que as máquinas moldavam o amido e o xarope era distribuído, e à medida que as bandejas eram transferidas para a câmara frigorífica. Tirávamos as bandejas da linha de produção assim que elas retornavam da câmara frigorífica e pesávamos os recheios que se **encontravam no canto**. Eles eram significativamente mais leves que os demais recheios na bandeja.

**Heureca**!

Depois de eliminar um suspeito após outro, após cerca de duas semanas de aconselhamento e aprendizagem, finalmente identificamos o culpado: o **glóbulo**.

> **Depois de eliminar um suspeito após outro, após cerca de duas semanas de aconselhamento e aprendizagem, finalmente identificamos o culpado: o glóbulo.**

E foi assim que o crime foi esclarecido: quando a camada de amido era aplicada, ficava mais fina nas áreas acima da goma. Por isso, os moldes nessas áreas eram mais rasos que o normal. E quando o xarope era despejado em cada um deles o excesso transbordava, deixando um recheio melhor e mais leve que o normal.

Portanto, na dança das balas de goma, a causa básica foi revelada em duas etapas:

1. A travessa e a pequena quantidade de amido de milho no *mogul* criavam o glóbulo.

2. O glóbulo gerava um molde menor, que era responsável pela produção de recheios mais leves e embalagens mais pesadas.

## PREVENÇÃO DE INCÊNDIOS

Ao passar da fase de enriquecimento para a de otimização do método LEO, propusemos algumas medidas que poderiam apagar o incêndio e evitar sua reincidência.

Havia muito tempo que a empresa estava ciente da necessidade de, em termos gerais, limpar as centenas de bandejas existentes em sua linha de produção. Na verdade, como era de costume, todos os anos a fábrica ficava fechava durante uma semana para fazer exatamente isso. Sugerimos que a limpeza fosse realizada o mais rápido possível para **interromper a produção de recheios abaixo do peso**.

Mas antes disso, ressaltamos, a administração deveria remover o suporte da travessa na fase de distribuição de amido de milho e desenvolver um sistema que garantisse que o suprimento de amido do *mogul* nunca mais ficasse abaixo de um nível seguro. Assim que a travessa foi substituída por quatro novos suportes nos cantos do *mogul*, por um custo de US$ 25.000, testamos o novo sistema, novamente recorrendo ao gráfico multivariado. Dessa vez, os padrões de variação observados na época da travessa haviam desaparecido.

Assim que essas mudanças foram implantadas, os benefícios obtidos pela empresa revelaram-se bem superiores à economia prevista de US$ 1 milhão. Quando o problema do glóbulo foi eliminado, a necessidade de fechar a fábrica anualmente para limpeza deixou de existir, e nunca mais nenhuma bandeja vazia foi passada pelo operador de inspeção através do sistema. No cômputo geral, a implantação do LEO proporcionou um aumento substancial de 15% na capacidade de produção da fábrica e isso permitiu que a empresa **parasse de terceirizar** uma produção equivalente a US$ 5 milhões e trouxesse esse trabalho de volta para casa.

**Levando em conta o fator humano.**

De qualquer modo, levou um ano para a empresa concretizar esses benefícios. O gasto de US$ 25.000 na reestruturação do *mogul* tinha de ser aprovado, assim como uma programação para fechar a fábrica e implantar a reforma. Mesmo depois que todas as mudanças já haviam sido implantadas, o gerente de fábrica manteve o sistema de terceirização por dois anos. Ele disse que temia que, por algum motivo, as mudanças não conseguissem gerar os ganhos de produção previstos e ele fosse obrigado a recorrer à empresa terceirizada e a administração dessa empresa aumentasse o preço que costumava cobrar.

O fator humano sempre existe em qualquer implantação do LEO. Quando concluímos nosso trabalho na fábrica de balas de goma, por exemplo, cujo sucesso foi considerável sob qualquer parâmetro, inclusive financeiro, nossa equipe de mentoria foi levada para jantar fora, com direito a bebidas e comidas finas e um vale-livro. Mas foram os funcionários que quiseram expressar sua gratidão que se mobilizaram para organizar e pagar pelo acontecimento, e não, como seria de esperar, a administração da empresa.

**O fator humano sempre existe em qualquer implantação do LEO.**

Toda organização tem sua própria cultura e um conjunto exclusivo de personalidades. Normalmente, entretanto, a pessoa encarregada da seção de produção não fica muito entusiasmada quando chegamos com a missão de apagar um incêndio. Até certo ponto, isso ocorre porque a faz se sentir mal: por que ela não conseguiu extinguir o fogo por conta própria? Ela não colocará barreiras, visto que estamos lá com a anuência da alta administração, mas ela também não oferecerá todo o seu apoio. Se solicitarmos os serviços de um engenheiro por uma hora, provavelmente o teremos por 15 min.

Obviamente, não é apenas o ego que está em jogo. Hoje, todas as pessoas da área operacional das empresas enfrentam escassez de recursos, que há muito tempo foram cortados em virtude da crise econômica. Regras do *downsizing (redução de postos de trabalho)*. Qualquer atividade que afasta os trabalhadores de seu trabalho normal deve ser considerada suspeita. Qualquer projeto que acrescenta horas não remuneradas ao dia de trabalho dessas pessoas é considerado **inimigo**.

Quando as pessoas começam a reconhecer as vantagens do método LEO, elas desenvolvem um entusiasmado crescente por melhorar a qualidade. Elas percebem que estamos lá não para desmascará-las, mas para mostrar como elas podem facilitar seu trabalho e se tornar mais produtivas. Para uma empresa extrair o máximo da implantação do LEO para apagar incêndios, os **gerentes de todos os níveis** precisam se **abrir** para esse processo e adotá-lo.

> **Quando as pessoas começam a reconhecer as vantagens do método LEO, elas desenvolvem um entusiasmado crescente por melhorar a qualidade.**

E isso se aplica também à implantação do LEO para lidar com os problemas de fluxo e futuro. No capítulo subsequente, por exemplo, veremos como o método LEO foi aplicado em um **projeto de fluxo** — para ajudar um fabricante de brinquedos a reestruturar um processo de solicitação de cotação que estava decepcionando todas as áreas funcionais, do departamento de Engenharia ao departamento de Compras e de Montagem, e deixando os fornecedores furiosos. O segredo para o sucesso dessa implantação foi a postura da pessoa que a alta administração designou para trabalhar conosco. Ele estava comprometido com o princípio de melhoria contínua e com a qualidade, e entusiasmado com a possibilidade de experimentar esse novo conceito chamado LEO. **Isso fez toda a diferença!**

Capítulo 4

# CORRIGINDO O FLUXO

Os cinemas têm três formas básicas de fazer dinheiro: **ingressos**, **anúncios** e **concessões** (por exemplo, para alguém vender refrigerantes, pipocas, lanches etc.). Eles tendem a ter grande eficiência na maneira como nos vendem ingressos na bilheteria e na apresentação dos anúncios estridentes e desinteressantes aos quais nós, público cativo, não temos desejo de assistir. Contudo, a forma como os cinemas nos vendem pipoca e refrigerantes é um **desastre**.

De acordo com um estudo da Universidade Stanford, a venda de concessões representa em torno de 20% das receitas brutas dos cinemas, mas ela responde por cerca de 40% de seus lucros. Isso porque, como sabemos tão bem, o preço dos alimentos é **exorbitante**. Tal como divulgado pela CNN, "As operadoras de concessão dos cinemas extraem 900% de margem de lucro da pipoca."[1]

Como seria de esperar, tendo em vista a importância das vendas de concessão nos cinemas, por um lado, e os preços exorbitantes, por outro, os cinemas poderiam facilitar e tornar a compra de petiscos

---

1 *CNNMoney Online, America's Biggest Rip-Offs: Movie Theater Popcorn — 900% Markup*, fevereiro de 2010; http://money.cnn.com/galleries/2010/news/1001/gallery.americas_biggest_ripoffs/2.html.

uma experiência mais agradável para nós, **clientes**! Em vez disso, precisamos ficar aguardando em longas filas, preocupados com a possibilidade de não conseguirmos obter o que queremos comer antes de o filme começar, simplesmente porque os cinemas colocam pouquíssimos funcionários atrás do balcão. E esses poucos funcionários, sob demasiada pressão, tendem a ser extremamente mal-educados.

Em outras palavras, o fluxo de trabalho da concessão — o processo pelo qual as tarefas são concretizadas — é **lamentável**. Seus funcionários não estão comprometidos em oferecer um atendimento de alta qualidade ao cliente. Os esquemas de escalação de funcionários nos fazem aguardar em filas intermináveis. Os esquemas de preços são ultrajantes. Inúmeros clientes recusam-se a fazer parte desse jogo e levam seus lanches escondido ou passam sem eles.

É triste dizer, mas muitas empresas de todos os portes e em todo setor utilizam processos falhos, fluxos de trabalho que sugam a energia e lucratividade das organizações. Os gerentes passam o dia puxando os cabelos, lidando com problemas de qualidade, custo, entrega, moral e, algumas vezes, até mesmo de segurança.

## O PROCESSO DE SOLICITAÇÃO DE COTAÇÃO DE UMA FÁBRICA DE BRINQUEDOS

Obviamente, os processos enquadram-se em duas categorias básicas: de **fabricação** e **administrativa**. Neste capítulo, o método LEO é aplicado a um processo administrativo quintessencial — criar uma **solicitação de cotação** (SDC) — em uma fábrica de brinquedos no centro-oeste dos EUA. Você verá como uma SDC para um vagão de trem de brinquedo certa vez fez um percurso lento e agonizante de uma mesa a outra, com dezenas de interrupções, inícios, anulações e confusões ao longo do caminho. E verá também como a empresa, ao longo de cinco dias úteis, empregou as três fases do método LEO (levantar, enriquecer e otimizar) para reestruturar o fluxo de trabalho e apressar o processo de SDC.

O modelo de vagão em questão não era de um vagão qualquer — mas o vagão-restaurante de um dos trens da década de 1940 entre Chicago e Los Angeles. Naquela época, os trens de passageiros de longa distância ofereciam acomodações luxuosas, dos confortos dos vagões dormitórios *pullman* ao elegante serviço e cozinha *gourmet* dos vagões-restaurantes. Os trens atraíam estrelas e astros, de Judy Garland a Bing Crosby, Humphrey Bogart a Elizabeth Taylor. E hoje, embora os trens de passageiros tenham perdido muito de seu resplendor, sua história sobrevive no coração e nas coleções dos fãs de trem de brinquedo.

Essa empresa de brinquedos estava ajudando a manter essa lenda viva, embora o percurso de uma SDC para um novo modelo de vagão-restaurante entre o departamento de Desenvolvimento de Produtos e os fornecedores fosse um processo longo e penoso. Na realidade, todas as mais de 360 SDCs que a empresa gerava todos os anos enfrentavam esse difícil processo.

Todas as pessoas envolvidas estavam decepcionadas. A Engenharia estava gastando horas intermináveis para preparar e corrigir as SDCs. O departamento de Compras era constantemente bombardeado pelas reclamações dos fornecedores quanto a documentações atrasadas e imprecisas. O gerente da fábrica de montagem geralmente ficava enfurecido quando os fornecedores não entregavam as peças necessárias para iniciar a produção. A alta administração sabia que havia um problema sério no fluxo de trabalho das SDCs e que algo deveria ser feito quanto a isso. O diretor executivo imaginou que a implantação do LEO poderia dar conta do recado.

As SDCs vagueavam por os departamentos da empresa, que ficava em um prédio de estrutura de aço de dois andares anexo às áreas de fabricação e montagem. Os documentos de SDC podiam ser encontrados nos computadores de dezenas das 1.000 ou mais pessoas que trabalhavam em baias abertas — embora em praticamente **nenhum** dos escritórios executivos fechados que ficavam na parte frontal do prédio com fachada de tijolos.

Grande parte da responsabilidade pelo sucesso ou fracasso da implantação de um projeto de fluxo pelo método LEO está nas mãos do gerente da empresa a cargo dessa iniciativa, o **gerente de projeto LEO**. Idealmente, será a pessoa que já está supervisionando o processo falho, embora isso seja raro. Na maioria das empresas, os processos que englobam mais de um departamento com frequência não têm um gerente apenas. (Na minha visão, isso é um erro. É necessário ter uma única mão no manete quando um problema de fluxo aparece e o departamento de Compras diz "Não é minha culpa" e o de engenharia diz "Não olhe para mim".) Portanto, no final das contas, a administração normalmente tem de designar alguém para assumir a responsabilidade pelo LEO.

> **Grande parte da responsabilidade pelo sucesso ou fracasso da implantação de um projeto de fluxo pelo método LEO está nas mãos do gerente da empresa a cargo dessa iniciativa, o gerente de projeto LEO.**

Nesse caso, a pessoa designada por acaso era um engenheiro, um torcedor de 35 anos de idade do Detroit Tigers com uma mentalidade de melhoria contínua — nessas circunstâncias, o bem mais valioso. Examinamos os princípios e práticas do LEO com ele e em seguida ele escolheu uma equipe de quatro pessoas, todas elas de certa forma envolvidas com o processo de SDC: um engenheiro de projetos, um representante de compras, um engenheiro de um fornecedor importante e uma especialista em tecnologia da informação (TI).

Geralmente, as equipes LEO acabam apresentando esta divisão: 20% de entusiasmados; 20% de negativistas; 60% de pessoas que esperam para ver. A equipe da fábrica de brinquedos não era exceção. (A propósito, os negativistas não são necessariamente ruins desde que a pessoa seja inteligente e esteja disposta a colaborar. Contudo, como qualquer técnico de beisebol lhe dirá, um descontente insistente pode acabar com um time.)

O líder do projeto apresentou o método LEO aos membros de sua equipe, explicando as ferramentas que eles utilizariam — e apenas essas ferramentas. Esse é um dos pontos fortes do LEO que elimina os dias de treinamento desnecessário que está automaticamente associado a tantos sistemas de gerenciamento. Os membros da equipe só precisam aprender as técnicas que são apropriadas para o projeto específico da empresa em que trabalham. Os membros da equipe da fábrica de brinquedos estavam prontos para iniciar a primeira fase do LEO.

## O TREM MAIS LENTO DA CIDADE

A equipe começou com os clientes, aqueles a quem se deve obedecer — nesse caso, os fornecedores, o fim da linha no fluxo de trabalho de uma SDC. Os membros da equipe conversaram com os fornecedores sobre suas necessidades e experiência com esse processo. Conversaram com os engenheiros que redigiam as especificações e com o pessoal de compras que escolhia os fornecedores e trabalhava com eles para ajustar as SDCs.

Os membros da equipe acompanharam essas SDCs do departamento de Montagem seguirem seu percurso. Eles viram os documentos ficarem amontoados no computador de uma pessoa do departamento de Compras e perguntaram por quê. Eles viram um engenheiro fazer mudanças em uma SDC que ele havia enviado ao departamento de Compras naquele mesmo dia e perguntaram por quê. Eles acompanharam não apenas o encaminhamento dos documentos, mas também o fluxo inverso de informações quando surgiam problemas na extremidade inicial do processo.

Mais importante, eles tentaram ter uma ideia de como esse processo complexo de fato funcionava e quanto tempo estava levando para que a SDC do modelo de vagão-restaurante ou qualquer outra SDC finalmente chegasse aos fornecedores que apresentariam uma oferta para o projeto.

O que os membros da equipe descobriram os deixou **chocados**, e **chocou** também o gerente de projeto e a administração da empresa. Do início ao fim, a conclusão do percurso de uma SDC estava levando em média 12,7 semanas — embora o tempo de valor agregado, a quantidade real de tempo de trabalho para isso, correspondesse a apenas 24 h. A confusão no processo era tal, que a empresa precisava de quatro ou cinco dias somente para determinar a situação de um determinado documento de SDC.

**Como isso era possível?** Como tantas pessoas conseguiam continuar fazendo parte de um processo tão inoperável? Como os fornecedores conseguiam lidar com isso de forma regular e habitual? Certa vez um projetista me contou sobre o problema que ele estava enfrentando com o projeto de uma ponte. Para fazer as plantas, ele precisava de amostras do solo e das rochas no leito fluvial para saber em que lugar os alicerces da ponte deveriam ficar. O empreiteiro levou dois meses para finalmente fazer as perfurações. A programação de seu trabalho estava totalmente atrapalhada. "Mas eu compreendi", disse-me ele. "Essas pessoas estavam realmente atarefadas."

Assim como a maioria de nós, ele estava condicionado a aceitar o desperdício de tempo, energia e dinheiro e conviver com isso — estava acostumado a contornar os problemas. As pessoas toleraram muitas coisas para fazer as coisas acontecerem. Elas não querem se exaltar, arrumar problema para outras pessoas ou fazer inimigos. É melhor dar de ombros e seguir adiante e deixar a qualidade sair pelo ralo da organização.

Gostaria de dizer que a situação na fábrica de brinquedos era um exemplo extremo do que está errado com inúmeras de nossas empresas atualmente, mas não posso. Os EUA podem se sair melhor. Devemos nos sair melhor.

**Os EUA podem se sair melhor. Devemos nos sair melhor.**

## Criando um mapa da situação atual

A equipe LEO passou em torno de dois dias examinando o fluxo de trabalho das SDCs, de cima para baixo e de uma extremidade a outra. Finalmente, reuniram-se em uma sala de reunião que havia sido reservada para suas atividades.

Uma imensa folha de papel de desenho cobria uma das paredes, e os membros da equipe estavam dispostos a usar qualquer meio com o qual se sentissem confortáveis para registrar o que haviam aprendido. Em pouco tempo o papel ficou coberto de notas *post-it* e desenhos adesivos. Com base nas observações dos integrantes e em suas próprias observações, o líder da equipe criou um mapa da situação atual do processo de SDC, uma das várias ferramentas que podem ser empregadas no LEO para lidar com problemas de fluxo de trabalho. Veja a seguir uma versão simplificada.

O mapa continha uma série de quadros dispostos em um esboço em forma de elipse. No centro, o pessoal de desenvolvimento de produtos passou o desenho de um dos itens — o vagão-restaurante, por exemplo — que se encontrava no quadro sob sua responsabilidade para um quadro à esquerda no qual os engenheiros haviam desenvolvido seus desenhos. Esses desenhos mostravam as principais partes do vagão, das poltronas de plásticos às rodas, e todos os elementos montados em conjunto (algo parecido com as instruções que você obtém quando compra um móvel "monte você mesmo" na IKEA).

Em seguida, os desenhos foram mudados para a esquerda inferior da elipse para um quadro em que os engenheiros de projeto haviam utilizado para criar arquivos de computador contendo especificações detalhadas. Essas especificações informariam os fornecedores sobre as dimensões de cada parte do vagão — as cores dos decalques, o tipo de plástico a ser usado e detalhes sobre desempenho. (Afinal de contas, o modelo do vagão tinha de ser suficientemente resistente para suportar um descarrilamento e talvez mais de um!)

Os arquivos foram então deslocados para a direita ao longo da base da elipse, para um quadro em que um representante de compras, com base em uma lista de fornecedores aprovados, havia escolhido três deles para cotar o trabalho. Uma cópia da SDC é enviada a esses fornecedores e a SDC original é movida para a direita, em direção ao quadro subsequente aos fornecedores, ocupada por um engenheiro. Esse engenheiro foi incumbido de atualizar os desenhos e especificações da SDC do vagão, com base em parte nas informações fornecidas pelos três fornecedores concorrentes. (Os fornecedores, que foram entrevistados individualmente, é claro, a essa altura já tinham conhecimento do conteúdo dos arquivos de computador. Uma das mudanças que eles sugeriram foi a utilização de um plástico ligeiramente diferente em uma das peças porque ele seria mais barato e mais fácil de ser trabalhado.)

No último quadro, no canto inferior direito da elipse, um representante de compras envelopa as SDCs e as envia pelo correio, como correspondência registrada, e por *e-mail*, os fornecedores, deslocando-se para o lado direito da elipse. No devido tempo, o vagão-restaurante finalizado seria passado da esquerda da elipse para a instalação de produção da fábrica de brinquedos.

O fator mais significativo do mapa da situação atual podia ser visto nos dois conjuntos de números ao lado de cada quadro. O primeiro indicava quantas SDCs havia no inventário dessa operação. Em qualquer um dos quadros, devia haver até 25 SDCs e nenhum deles continha menos de dez. O segundo mostrava, em cada passo do processo, o tempo que levaria para a SDC do vagão deslocar-se entre os quadros. Cinco semanas era o tempo máximo e duas o normal.

Um dos motivos desse inventário extremamente longo e dos grandes atrasos também ficou evidenciado no mapa, em forma de explosão. Veja a seguir o que os desencadeava:

- No momento em que a SDC do vagão chegou ao quadro final, a lista dos fornecedores aprovados já havia mudado e um dos três fornecedores originais estava fora da lista. Era necessário escolher outro, enviar-lhe a SDC e solicitar suas informações para só então mover novamente a SDC para a frente.

- Os fornecedores reclamaram de que a SDC não continha as dimensões das janelas do vagão.

- Constatou-se que a informação de um fornecedor para a atualização da SDC estava incorreta.

- Os desenhos originais do grupo de engenharia estavam imprecisos.

Toda vez que se divulgava um erro, o impacto era sentido retroativamente ao longo do processo — o osso do quadril está unido ao osso da coxa. Por exemplo, um engenheiro que estava trabalhando na SDC do vagão teve de interromper o fluxo para corrigir um documento anterior. No momento em que ele voltou a trabalhar no documento do vagão e identificou em que ponto ele havia parado, uma nova SDC já havia chegado e sido acrescentada ao seu inventário.

O caos supremo ocorreria quando as confusões ao longo da elipse provocariam atrasos tão grandes na escolha de um fornecedor e no fornecimento de especificações utilizáveis a essa empresa, que o fornecedor escolhido perderia totalmente o prazo para produzir as peças do vagão; isso, por sua vez, forçaria uma mudança no cronograma de produção da empresa que fabricaria o vagão. E assim o verbo se faria ouvir em todos os quadros: a produção do vagão-restaurante seria protelada por seis meses. Nesse meio-tempo, o pessoal de desenvolvimento de produtos estaria refletindo sobre novas mudanças imprevistas para acrescentar ao projeto do vagão. Por uma infelicidade, essas mudanças provavelmente exigiriam que se recomeçasse o processo de uma nova SDC para o vagão-restaurante.

Quando líder do projeto LEO e sua equipe observaram com atenção o mapa da situação atual, constataram que o processo de SDC era tão complexo e tinha tantos pontos problemáticos, que eles precisavam concentrar seus esforços em alguma parte do fluxo de trabalho. Corrigir todo o processo tomaria um tempo bem maior que os três dias restantes que eles tinham à disposição.

Entretanto, eles não precisaram ficar muito tempo analisando o que estava afixado à parede para que uma resposta súbita lhes viesse à mente. A maioria dos problemas tinha origem em três quadros contíguos na elipse da SDC: em que os engenheiros redigem as especificações, o agente de compras escolhe os fornecedores para fazer uma oferta e os engenheiros atualizam os desenhos e especificações com as informações dos fornecedores. Esses três quadros também representavam a maior parte do tempo de valor agregado no processo de SDC.

A meta havia sido identificada. Agora, a equipe só precisava atingi-la.

## A BUSCA POR PERFEIÇÃO

Imagine como seria se você fosse trabalhar em uma determinada manhã, sentasse à sua mesa e tudo ocorresse perfeitamente — nenhuma reclamação, nenhuma revogação, nenhum deslize, nenhum problema. É provável que você ficaria extremamente entediado, mas não se preocupe. Nenhuma organização — e nenhum processo dentro delas — jamais sairá perfeito.

> **Nenhuma organização — e nenhum processo dentro delas — jamais sairá perfeito.**

Lembro-me de por acaso ter ouvido uma mulher e uma amiga conversarem sobre as notas dos filhos na escola. "Eu não espero que Jimmy tire 10 em todas as disciplinas", dizia a mulher. Sua amiga acenou afirmativamente com a cabeça. "Desde que ele tire 9,5", continuou ela.

Ela não esperava perfeição, mas ela de fato esperava que seu filho nunca parasse de buscá-la. E isso não está muito distante do princípio básico do método LEO, que supõe que todo processo poderia — e deveria — correr cada vez mais fluidamente. A meta é a melhoria contínua da qualidade.

Existem três distúrbios básicos que ajudam a explicar por que os processos tendem a fugir ao controle:

- **Trabalhos incomum ou exagerado** — Alguém lhe pede para concluir 700 montagens em seu turno quando quatro pessoas — um quinto de sua equipe — estão **ausentes** e sua meta de produção normal, com toda a equipe, é fazer 650 montagens. Ou então lhe pedem para realizar os serviços de maneira excelente da empresa, mas a própria empresa não padronizou ainda um serviço de qualidade. Ou lhe pedem para cumprimentar todas as pessoas que entram na loja como se ela fosse sua melhor amiga, isso depois de cumprir um turno duplo para substituir um colega que pegou gripe.

- **Trabalho desequilibrado** — Você tem oito reuniões na segunda-feira, duas na terça, nenhuma na quarta, seis na quinta e sete na sexta — isso para citar apenas a semana **atual**. Você não tem como programar seu trabalho e realizá-lo em 8 h se sua agenda está constantemente sendo atrapalhada por isso. Por esse motivo, você trabalha 12 h e na tarde do dia seguinte você começa a esmorecer.

- **Trabalho desnecessário** — Todos os dias você passas horas procurando arquivos perdidos em seu computador... ou esperando alguém usar a impressora... ou esperando o início de uma reunião... ou refazendo um gráfico que você já refez duas vezes. O indício de **trabalho desnecessário**: todos estão sempre **ocupados**, mas todos estão **atrasados**.

O LEO ajuda as empresas a encontrar meios para lidar com esses distúrbios de uma maneira contínua e sustentável. O objetivo não é chegar à perfeição, mas não parar de buscá-la.

Acho que Carl Schurz, um estadista do século XIX, disse isso de forma simples e metafórica, mas melhor que a maioria: "Os ideais são como estrelas; você não conseguirá tocá-los com as mãos. Mas tal como o navegante em alto-mar, você os escolhe como guia e, se segui-los, conseguirá chegar ao seu destino."

Você não ficará surpreso, suponho, quando eu lhe disser que o passo seguinte depois que a equipe LEO da fábrica de brinquedos concluiu o mapa da situação atual foi imaginar uma situação futura ideal para o processo de SDC. Assim que os membros da equipe conseguiram entender a fundo o processo existente e seus problemas, eles foram incitados pelo líder a dar uma sugestão sobre como seria o processo se o fluxo fosse perfeito.

"Em todos os estágios, costumávamos ter mais de uma SDC aguardando no inventário", disse uma pessoa. Outra acrescentou: "As especificações pareciam corretas quando eram passadas pelos engenheiros de projeto, sem nenhuma informação incorreta nem informações incompletas." Várias ideias surgiram rapidamente: os fornecedores receberiam especificações e desenhos completos e precisos com tempo suficiente para cumprir o prazo de produção. O processo de SDC como um todo levaria no **máximo duas semanas**.

Nem o líder nem nenhum membro da equipe esperavam que a empresa conseguisse atingir essa situação ideal, mas o líder anotou cuidadosamente todas as sugestões. No devido tempo ele reuniu todas as sugestões para redigir um documento — um parâmetro com base no qual qualquer melhoria futura no processo de SDC seria avaliada. A equipe, e quaisquer equipes LEO subsequentes, tinha um verdadeiro norte para guiá-la. Estávamos prontos para entrar na segunda fase do método LEO: **enriquecer**.

## IDENTIFICANDO O NOVO FUTURO

Havia chegado o momento de propor algumas ideias específicas e realistas para a melhoria operacional do processo de SDC. O líder pediu à sua equipe para criar a situação futura seguinte do processo. De modo geral, a meta era melhorar o fluxo eliminando parte do desperdício, mas ele motivou sua equipe a se concentrar no fluxo, e não a tentar eliminar determinados exemplos de desperdício.

Como você verá em outros capítulos, o método LEO é especialmente eficaz para identificar soluções orgânicas no gerenciamento de problemas. Acreditamos que os problemas sejam na maioria das vezes sintomas de um distúrbio, e não a causa. Sempre nos sentimos tentados a procurar um paliativo — cuidar dos sintomas, embora a doença permaneça e esteja fadada a irromper novamente. O método LEO pode ser empregado em nível sistêmico — analisando a estrutura global do processo de SDC, por exemplo. Se uma falha básica puder ser detectada e corrigida nesse nível, os benefícios fluirão para o processo como um todo.

Na análise sobre os quadros da elipse, os membros da equipe identificaram duas falhas básicas. Primeiro, eles perceberam que todas as SDCs, independentemente de sua natureza, eram tratadas como se tivessem o mesmo nível de complexidade. Entretanto, a SDC do vagão-restaurante, por exemplo, exigia dezenas de especificações precisas para que se cobrissem detalhes como poltronas de plástico, mesas e luminárias em miniatura, enquanto outro SDC talvez requeresse apenas um vagão de carga vazio que exigia uma quantidade mínima de desenhos e especificações elaboradas.

**A solução**. Dividir o processo de SDC em duas categorias distintas, **regulares** e **complexas**, e adaptar o fluxo de trabalho às necessidades de cada uma. Essa divisão possibilitaria que a administração designasse os funcionários mais eficientes do departamento de Compras e de Engenharia às SDCs mais complexas, diminuindo drasticamente o tempo necessário para passar as especificações adiante. As pessoas menos eficientes seriam designadas às SDCs regulares e, ao mesmo, seriam treinadas para melhor suas habilidades.

Se você deseja ver um trabalho ser realizado rapidamente em um projeto complexo, esse tipo de estratificação pode ser inestimável. Curiosamente, raras vezes ele é empregado pela administração das empresas. De certo modo, o pessoal administrativo geralmente opta pelo método padronizado.

> **De certo modo, o pessoal administrativo geralmente opta pelo método padronizado.**

A segunda falha básica no processo de SDC identificada pela equipe LEO foi o **relacionamento confuso** e algumas vezes **antagônico** entre a empresa e seus fornecedores. Não havia nada absolutamente extraordinário nisso. As empresas e os fornecedores estão intimamente ligados pelos contratos, mas têm interesses financeiros próprios que precisam ser cumpridos. A fábrica de brinquedos, por exemplo, queria o nível mais alto de qualidade já conseguido para os componentes do vagão-restaurante, enquanto o fornecedor escolhido queria maximizar seus lucros nesse trabalho economizando nos componentes ou inserindo o projeto do vagão em algum espaço imprevisto que surgisse em sua programação de produção. A fábrica de brinquedos nem sempre estava obtendo a qualidade que desejava de seus fornecedores — e seus fornecedores sem dúvida não estavam atingindo suas metas financeiras quando tentavam trabalhar com uma empresa que sistematicamente estropiava o processo de SDC.

**A solução**. Redefinir o relacionamento entre empresa e fornecedor. Em projetos complexos como o do vagão-restaurante, propôs a equipe, a empresa deveria se basear em uma lista de preferência com apenas três fornecedores, e não apresentar o projeto para cotação a grupos alternados de fornecedores. Em troca de um negócio garantido, o fornecedor preferido deveria contribuir com ideias de produção logo no início do processo, enquanto o produto complexo estivesse sendo projetado.

### Solavancos na estrada

A equipe reconheceu que havia problemas nas iniciativas propostas. Com relação à estratificação, encontrar meios para classificar as SDCs quanto à sua complexidade era um desafio, particularmente porque isso precisava ser feito bem no início do fluxo da SDC para que tivesse efeito.

**A solução.** Os membros da equipe analisaram todas as SDCs e desenvolveram uma planilha de coleta de dados sobre as características de um trabalho complexo — portas de correr próximas a uma janela, por exemplo, ou decoração com várias cores em uma superfície irregular. Se um projeto tivesse, digamos, cinco itens na planilha, seria inserido na categoria complexa. Como se constatou mais tarde, cerca de 45 das 360 SDCs anuais da empresa eram complexas.

Ao desenvolver o programa de estratificação, surgiu uma nova dificuldade. Os gerentes de engenharia que supervisionavam o pessoal envolvido com o processo de SDC bateram o pé. Eles não queriam assumir nenhuma parte de uma iniciativa ainda não comprovada que pudesse fracassar e custar-lhes, por serem a parte responsável, uma próxima promoção, se não até mesmo seu emprego.

**A solução.** Um programa de "avaliação sem culpabilização" foi estabelecido. Nas reuniões mensais com a administração para avaliar a nova estrutura das SDCs, não haveria nenhuma crítica pessoal contra os gerentes e os dirigentes da empresa estavam cientes de que a carreira dos gerentes não sofreria se o projeto fracassasse. O objetivo aceito por todas as partes foi identificar o que não estava funcionando, e não jogar o **jogo da culpabilização**.

O princípio de não o jogar o jogo de culpabilização é intrínseco ao método LEO: partimos da suposição de que todos querem sair-se bem e desejam que o projeto tenha sucesso. Se algum erro for cometido, será porque a pessoa envolvida não dispõe das informações corretas ou porque o processo é falho, e a pessoa ou o processo necessita de ajustes. Isso se traduz em oportunidade de aprendizagem ou maior treinamento para a pessoa ou maior facilidade de uso do processo. Em ambos os casos, a meta é melhorar continuamente o desempenho. Não existe nenhum valor agregado no jogo de culpa.

> **Não existe nenhum valor agregado no jogo de culpa.**

A mesma convicção foi mantida na segunda proposta da equipe LEO: escolher um grupo de apenas três fornecedores prediletos para projetos complexos. Quando você trata os fornecedores friamente e não desenvolve um relacionamento, quando você preserva a desconfiança tradicional que caracteriza ambas as partes, não colhe o benefício do conhecimento de produção especializado que os fornecedores aplicariam ao projeto de seus produtos. Uma das principais lições da revolução automotiva da **produção enxuta japonesa** foi a **confiança em fornecedores importantes** como **parceiros plenos**. Os fabricantes de automóveis japoneses chegaram ao extremo de enviar seus engenheiros para trabalhar na fábrica de seus fornecedores para ajudar os fornecedores a melhorar a eficiência de suas operações internas e garantir uma troca completa e precisa de informações.

Obviamente, existem também riscos em qualquer relacionamento íntimo entre cliente e fornecedor. Assim que a fábrica de brinquedos se comprometesse com um único fornecedor preferido em uma SDC complexa, ficaria à mercê do fornecedor. O fornecedor poderia resolver aumentar seus preços arbitrariamente, e a empresa, já com seu cronograma de produção amarrado, teria de pagar ou sofrer as consequências financeiras de se ver obrigada a mudar de fornecedor. Entretanto, os fornecedores escolhidos poderiam temer que, ao submeter uma parcela considerável de sua capacidade de produção a uma única empresa, ficassem vulneráveis se a empresa resolvesse cancelar arbitrariamente o contrato.

**A solução**. Para cada SDC complexa, a empresa forneceria o preço pretendido que o fornecedor procuraria cumprir, um valor aproximado de acordo com o qual deveriam operar. E o contrato entre a empresa e o fornecedor não incluiria nenhuma cláusula de responsabilização para proteger o fornecedor. Supunha-se que ambas as partes estariam comprometidas com o sucesso mútuo do empreendimento. A fábrica de brinquedos chegou ao acordo de que, se um problema ou erro surgisse e estivesse envolvido com o fornecedor, ele seria revisto em conjunto e providências mútuas seriam tomadas para evitar uma reincidência. No passado, sob circunstâncias semelhantes, a administração da fábrica de brinquedos com frequência costumava simplesmente eliminar o fornecedor de sua lista aprovada.

Devo mencionar que a resolução desses possíveis problemas não ocorreu entre os gerentes de nível médio. Houve reuniões entre os vice-presidentes de Compra e Engenharia da fábrica de brinquedos e os proprietários das empresas fornecedoras escolhidas. Basicamente, os representantes da fábrica de brinquedo disseram o seguinte aos fornecedores: "Precisamos mudar a forma como temos trabalhado, porque com o tempo nós e vocês seremos levados a fechar as portas por esse motivo." Juntos, ambas as partes redefiniram seu relacionamento.

No momento em que os membros da equipe LEO estavam desenvolvendo essas propostas de mudança para o processo de SDC, em particular a categorização das SDCs em regulares e complexas, eles constantemente confirmavam suas ideias com o pessoal de compras e engenharia nos quadros presentes na elipse. Eles perceberam a importância de obter o máximo possível de informações antes de implantar o plano.

Finalmente, a situação futura subsequente estava pronta para ser concretizada, mas primeiro a equipe padronizou oficialmente cada passo do novo fluxo de SDCs — um componente fundamental no método LEO.

Há um século, os trabalhadores aprendiam a realizar seu trabalho ouvindo e observando as pessoas ao seu redor e também por tentativa e erro. Então, Frederick Winslow Taylor entrou em cena. Ele empregou estudos sobre tempo e movimento para determinar a melhor forma de realizar qualquer trabalho. Na Bethlehem Steel, por exemplo, ele observou que cada trabalhador estava utilizando sua própria pá para lidar com materiais que pesavam entre 1,8 e 13,6 kg por pá. Em sua pesquisa, Taylor constatou que a carga da pá mais eficiente por trabalhador era 9,5 kg. Por esse motivo, ele pediu à empresa para que providenciasse para os trabalhadores pás de tamanho diferente para cada material — pás que comportassem em torno de 9,5 kg independentemente do material. Dessa forma, todo trabalhador sempre trabalharia na eficiência de pico: não movimentaria pouco material por pá nem prejudicaria sua saúde movimentando muito material.

Assim que Taylor analisou uma atividade, ele registrou os resultados como uma norma escrita que os trabalhadores deveriam seguir. Portanto, a **padronização do trabalho** começou como uma iniciativa para garantir que o trabalhador seguisse instruções — como forma de controlar os funcionários. Hoje, os padrões atendem a uma finalidade diferente. Eles não estão dirigidos ao trabalhador, mas ao supervisor. Na organização moderna, os funcionários recebem extenso treinamento e aconselhamento para que eles saibam basicamente executar bem seu trabalho. Os padrões estão voltados para o controle externo, para informar os gerentes sobre como um processo parece estar funcionando e como as atividades do processo supõe-se que sejam executadas.

Até então, a fábrica de brinquedos sempre utilizava manuais descritivos dos padrões de preparação das SDCs, mas os funcionários tinham as suas próprias formas de segui-las. Alguns estavam obedecendo a um padrão prescrito alguns anos antes, por exemplo, enquanto outros poderiam estar empregando uma versão atualizada.

Uma parte da SDC complexa do modelo de vagão-restaurante indicava como a área do restaurante propriamente dita deveria estar conectada à estrutura do trem, que fica sobre a maquinaria. Seria necessário utilizar quatro grampos mecânicos, bem como cola nas junções. Para tornar essas exigências da SDC mais visíveis, a equipe LEO propôs que os novos padrões fossem demonstrados por desenhos e por escrito. Com isso, os supervisores tiveram maior facilidade para examinar e determinar em que SDC uma pessoa estava trabalhando. Eles poderiam ver que um engenheiro mais habilitado estava envolvido com uma SDC regular, por exemplo, e designá-lo para outro lugar.

Com a padronização dos novos elementos do processo de SDC, a equipe LEO estava pronta para visualizar o mapa da situação futura subsequente. Como indicado anteriormente, havia uma divisão entre o processo para criar SDCs complexas e o processo para criar SDCs regulares. Cada um estava representado pela sequência de quadros horizontais usuais da esquerda para a direita, que resultavam em um único quadro, no qual as SDCs eram agrupadas para serem enviadas aos fornecedores.

O processo habitual permaneceu intacto, do mesmo modo que foi apresentado no mapa da situação atual. Entretanto, o processo de SDC complexo sofreu mudanças significativas. O quadro referente à solicitação de informações aos fornecedores foi puxado de sua posição intermediária e levado para o início do processo, onde o projeto do produto estava sendo desenvolvido. Com o novo mapa concluído, que representava um passo em direção à situação ideal, a equipe estava pronta para entrar na fase de otimização do método LEO.

Com o apoio da alta administração e o suporte, agora livre de culpa, dos gerentes de Engenharia e de compras, os funcionários envolvidos com as SDCs começaram a implantar as novas disposições. Com as informações fornecidas pelo fornecedor escolhido logo no início do processo, as SDCs eram classificadas como regulares ou complexas e encaminhadas à sequência de quadros apropriada. Esse foi o quinto e último dia do evento LEO.

Assim que o novo sistema entrou de fato em operação, apareceram algumas falhas. Isso ocorrerá independentemente do cuidado que você tomar para conferir e reconferir um fluxo de processo reconfigurado — e a equipe LEO da fábrica de brinquedos havia sido extremamente cuidadosa. Alguns dos funcionários tiveram dificuldade para seguir as instruções sobre classificação e algumas das decisões sobre classificação estavam incorretas. Os problemas foram corrigidos e, com isso, a fase de otimização do LEO foi concluída.

## FAZENDO ACONTECER

Os resultados das iniciativas da equipe LEO foram surpreendentes. O processo de SCD anterior ao LEO tinha um tempo de espera de 12,7 semanas. No prazo de três semanas após o evento LEO, o tempo de espera das SDCs complexas diminuiu para nove semanas e o das SDCs regulares para 4,5 semanas. Os atrasos e confusões que decepcionavam tanto a empresa e seus fornecedores diminuíram imensamente.

A administração da fábrica de brinquedos ficou impressionada e iniciou imediatamente um segundo evento LEO para lidar com alguns problemas de inventário. Tratava-se de uma continuação razoavelmente normal. As empresas normalmente experimentam o método LEO de forma restrita, ampliando sua aplicação à medida que conseguem ver resultados. E quando isso ocorre, os novos eventos LEO inevitavelmente fluem de maneira mais tranquila e obtêm ganhos ainda maiores porque todas as pessoas da organização puderam ver que o método LEO de fato funciona e estão preparadas para se comprometer com o processo.

Os resultados são o fator que conta para todos os envolvidos — especialmente os gerentes de processo e os membros da equipe LEO. Quando um projeto LEO inicia-se, os gerentes que são diretamente afetados com frequência oferecem um apoio relutante — suficiente para impedir que o líder da equipe reclame para a administração. Como mencionado antes, entre os membros da equipe provavelmente haverá ao menos um participante relutante. No caso da fábrica de brinquedos e dos problemas com as SDCs, o cético era uma especialista em TI.

> **Os resultados são o fator que conta para todos os envolvidos — especialmente os gerentes de processo e os membros da equipe LEO.**

Existem motivos de todos os tipos que levam os funcionários a ter pouco entusiasmo por qualquer projeto de mudança. Um grande motivo é que eles são bons no que estão fazendo e sabem que não serão tão bons quanto no novo método de trabalho que está sendo proposto, pelo menos a princípio. Em qualquer projeto LEO, a administração é estimulada a oferecer a esses funcionários alguma folga para que eles tenham chance de ganhar domínio nessas mudanças — e a ter o cuidado de informá-los de que eles terão alguma folga.

A especialista em TI estava cética quanto ao projeto em parte porque o departamento de TI havia sido responsabilizado pelo mau desempenho do processo de SDC. De acordo com minha experiência, o departamento de TI com frequência é o bode expiatório favorito dos gerentes. Em todo caso, somente no quarto dia do evento LEO é que a especialista em TI estava preparada para se comprometer totalmente. A partir daí, ele conseguiu prosseguir e sugerir uma ideia após outra. Mas primeiro ela precisou ver alguns resultados.

## Pensamento em fluxo

Para a especialista em TI e a fábrica de brinquedos em geral, o evento LEO foi uma introdução a uma nova forma de pensar sobre processos, a que eu chamo de **pensamento em fluxo**. A primeira pergunta que o LEO faz sobre um processo é se ele funciona de uma maneira que beneficia o cliente. Os funcionários que fazem parte do processo estão atentos a possíveis armadilhas e a qualquer possibilidade de melhorar seu funcionamento? Ou eles passam os dias mudando automaticamente as coisas da caixa de entrada para a caixa de saída sem refletir mais a fundo? Na fábrica de brinquedos, a equipe LEO que ajudou os funcionários a lidar com o processo de SDC melhorou em grande medida a experiência dos fornecedores, os clientes do processo. E o pensamento em fluxo possibilitou que a empresa mudasse sua mentalidade com respeito aos fornecedores, transformando esse relacionamento antes antagônico em um relacionamento de parceria.

Nenhuma empresa consegue ter um pensamento em fluxo em todos os seus processos. Retornando ao Capítulo 1, reclamei da falha da Amazon de incluir um CD na entrega dos produtos que eu havia comprado. Entretanto, essa mesma empresa tem um processo de devolução que é um modelo de pensamento em fluxo: preencha um formulário, cole um selo no pacote e o envie pelo correio. Não há questionamentos e ainda existe a opção de escolher outro produto ou o reembolso.

> **Nenhuma empresa consegue ter um pensamento em fluxo em todos os seus processos.**

Quando você examina um processo como um todo, consegue ver facilmente se o fluxo é tranquilo ou acidentado. Você não precisa despender muito tempo pegando um voo pela Southwest Airlines para saber que essa empresa está comprometida com o pensamento em fluxo. Seus processos não estão voltados para o lucro imediato, mas para a satisfação do cliente como meio de obter lucro — é essa parcela da antiga sabedoria empresarial que tantas vezes é mais honrada na violação que na observância. Só isto faz sentido: as empresas precisam examinar cada um dos seus processos com relação ao seu fluxo geral e ao benefício gerado para o cliente. **É aí que a qualidade reside!**

> **As empresas precisam examinar cada um dos seus processos com relação ao seu fluxo geral e ao benefício gerado para o cliente. É aí que a qualidade reside.**

## O SEGREDO É FLEXIBILIDADE

Neste capítulo, falei sobre o impacto do LEO em um processo de fluxo específico, mas essa descrição ainda não começou a englobar as várias estratégias e ferramentas que o método LEO pode e de fato aplica para lidar com todos os tipos de problema de fluxo em todas as categorias de empresa. As estratégias e ferramentas são escolhidas de forma que se enquadrem a um problema específico e a uma empresa específica. Essa flexibilidade e a capacidade de adaptar soluções à solução em campo são a essência do método LEO.

No capítulo subsequente, passamos a abordar um histórico de caso do LEO aplicado ao **futuro** de uma empresa — isto é, ajudar um fabricante de automóveis que está em meio à penosa tarefa de projetar um novo sedã para cinco passageiros.

**Capítulo 5**

# COMANDANDO O FUTURO

Em um fim de semana ensolarado de setembro, 12 engenheiros de desenvolvimento de produtos saíram para uma missão pouco prometedora. Eles passariam dois dias entrevistando e passeando com proprietários de automóveis locais em um *shopping center* em Oakbrook, no Estado de Illinois (EUA), em um bairro residencial afastado de Chicago. No decorrer do mês seguinte, dois outros grupos de engenheiros da mesma organização empreenderam uma missão semelhante em San Diego, no Estado da Califórnia, e Birmingham, no Alabama. A empresa estava nos primeiros estágios de planejamento de um novo sedã de tamanho médio para cinco passageiros, e os engenheiros haviam sido designados para investigar o que os **clientes em potencial** de fato pensavam e qual havia sido sua experiência com o carro.

Ao longo do fim de semana em Oakbrook, equipes de duas pessoas entrevistaram e passearam de carro com os proprietários, registrando uma abundância de informações detalhadas sobre esses contatos — não apenas o que havia sido dito, mas como os proprietários interagiam com o carro. Quando um proprietário franzia as sobrancelhas ao parar em um semáforo, buscava-se uma explicação. "É um problema pequeno", disse o proprietário, mas acabei de fazer a manutenção dos freios e ainda ouço um ruído agudo quando preciso parar totalmente o carro." Essa reclamação foi cuidadosamente anotada.

Era a primeira vez que os engenheiros cumpriam uma missão desse tipo. Na verdade, esse era o objetivo do exercício, que estava endereçado a uma questão séria e raramente levantada: como os engenheiros conseguem projetar um novo produto que atenda verdadeiramente às necessidades e aos desejos dos clientes sem as compreender de primeira mão? Essa pergunta ainda não sido levada em conta em todas as gerações anteriores dos veículos da empresa.

Os encontros no centro comercial marcaram o início da fase de implantação do método LEO direcionada ao futuro. Depois de coletar informações ao longo dos 18 meses subsequentes, a empresa aplicou a filosofia e as ferramentas do LEO ao desenvolvimento de um novo carro de passageiros que desde então recebeu uma importante aclamação crítica. Neste capítulo, apresentamos a história dessa implantação, focalizando a peça mais essencial do equipamento automotivo: o **freio**.

## O QUE OS ENGENHEIROS NÃO SABEM

Durante os projetos LEO direcionado para o futuro, as empresas desenvolvem novos produtos ou serviços ou melhoram os existentes. Todas as três fases do LEO são executadas, com maior ou menor ênfase sobre uma ou outra, dependendo do projeto e da organização. Contudo, as ferramentas e os métodos da etapa dirigida ao futuro tendem a ser diferentes daqueles que são empregados nos projetos direcionados ao combate de incêndios e ao fluxo. Embora a meta máxima desses dois últimos tipos de projeto seja oferecer valor ao cliente, eles envolvem primordialmente os grupos de interesse internos — eles estão voltados para os processos que geram os produtos existentes. Os projetos dirigidos ao futuro exigem uma **mentalidade diferente** e mais **prospectiva** e uma conexão direta e estruturada com aquele grupo de interessados externos a que chamamos de "clientes".

> **Os projetos dirigidos ao futuro exigem uma mentalidade diferente e mais prospectiva e uma conexão direta e estruturada com aquele grupo de interessados a que chamamos de "clientes".**

Existe uma coisa que as implantações dos projetos dirigidos ao futuro **não são**: elas não são uma iniciativa que pretende substituir o projeto organizacional e o desenvolvimento das operações vigentes. Nesse exemplo, a meta era elevar a qualidade do projeto e o desenvolvimento de um determinado produto e, ao mesmo tempo, diminuir os custos; e manter os pontos fortes da empresa intactos.

O projeto da primeira fase do LEO (levantamento) naquele fim de semana, em que os proprietários de carros foram entrevistados, constituía um dos elementos exclusivos da implantação

LEO dirigida ao futuro e, para os engenheiros de automóveis que participaram, esses encontros com os clientes foram reveladores. Um dos proprietários saiu da entrevista, reclamando: "Pela primeira vez consigo compreender o que quer dizer quando essas pessoas falam sobre querer um carro com boa agilidade." Por coincidência ele era piloto de corrida em seus dias de folga. Outro engenheiro ficou boquiaberto quando viu uma dona de casa tentar com esforço pressionar um botão de seu carro para ajustar os retrovisores elétricos laterais. Ele próprio, entretanto, não conseguiu notar nenhum problema para pressionar o botão.

Um dos principais objetivos das entrevistas foi o de motivar os engenheiros a se tornarem defensores dos clientes no processo de desenvolvimento de produtos. Com muita frequência, quando a administração pede para economizar dinheiro poupando esforços no conforto ou na facilidade de uso, não há ninguém no departamento de desenvolvimento de produtos para defender o cliente. O objetivo da primeira fase do LEO foi preencher essa lacuna, fazendo com que o pessoal de desenvolvimento ficasse mais centrado no cliente.

As entrevistas do fim de semana exigiram longos preparativos. Antes de as equipes serem despachadas, elas tiveram de passar por um treinamento para fazer perguntas abertas e de sondagem e observar cuidadosamente o comportamento dos proprietários dos veículos. De que forma eles usavam o carro era mais importante, em alguns aspectos, do que o que eles diziam. Os proprietários vivenciam tantos problemas pequenos ou inconveniências mas nunca pensam em mencioná-los quando um pesquisador de mercado pergunta. Eles precisam ser observados e ouvidos face a face.

Em San Diego, uma equipe viu uma mulher em um *shopping center* conduzindo um carrinho de bebê que transportava a criança e as sacolas de supermercado. Ao chegar ao carro, ela removeu as sacolas, tirou o bebê, fechou o carrinho e abriu o porta-malas. Ainda com o bebê no colo, alojou as sacolas no carro e foi fechar o porta-malas. Como a traseira do carro estava obstruída, ela começou a tentar fechar o porta-malas pela lateral. Ela enfrentou uma dificuldade e tanto. Até aquele momento, a equipe de entrevista e todo o departamento de desenvolvimento da empresa supunham que os porta-malas sempre fossem fechados pelo centro, na parte de trás do carro.

É por meio desses pequenos *insights* que se ganha vantagem competitiva. O porta-malas foi por fim reconfigurado para que o motorista conseguisse fechá-lo facilmente em qualquer posição que esteja. Tal como um dos vice-presidentes da empresa ressaltou: "Você não precisa se preocupar com os grandes problemas — com toda a certeza você tomará conhecimento deles. São os pequenos problemas dos quais você com frequência não **'fica sabendo'** que podem ser decisivos para o seu sucesso."

> **Você não precisa se preocupar com os grandes problemas — com toda a certeza você tomará conhecimento deles. São os pequenos problemas dos quais você com frequência não "fica sabendo" que podem ser decisivos para o seu sucesso.**

As entrevistas dos engenheiros foram meticulosamente coreografadas. Elas foram programadas para durar não mais de duas horas e subdivididas: 15 min de conversa sobre as experiências dos proprietários com o carro; 15 min dentro e ao redor do carro, para discutir em detalhes como o proprietário usava vários recursos; 30 min de passeio de carro com o proprietário; 15 min estacionando o carro e discutindo com o dono do veículo a respeito de dirigibilidade e facilidade de estacionar; e 15 min de encerramento da entrevista.

Para que os engenheiros tivessem uma amostra representativa de pessoas para entrevistar, que fossem proprietários de sedãs de tamanho médio relativamente novos, foi contratada uma empresa externa para selecionar os candidatos prováveis e organizar o encontro no *shopping center* em um horário marcado. Os proprietários receberam US$ 200 por esse tempo.

De acordo com a opinião geral dos proprietários e também dos engenheiros, a experiência foi agradável. Os engenheiros nunca haviam percebido, por exemplo, como os proprietários sabem tão pouca coisa a respeito do funcionamento de seu próprio carro. Eles ficaram sabendo disso quando pediram para um deles abrir o capô do carro e ele não sabia como fazê-lo.

Havia proprietários que simplesmente não conseguiam ligar o rádio, do mesmo modo que alguns ficavam perdidos com os mostradores no visor eletrônico do painel. Algumas mulheres reclamaram que não tinham nenhum lugar para pôr a bolsa quando alguém se sentava no banco de passageiro ao lado do motorista, a não ser colocá-la no banco de trás. Todas as observações e reclamações foram anotadas.

A pesquisa de mercado definiu o novo carro com relação aos dados demográficos do cliente-alvo e ao nível de preço. Daí em diante, dependia dos engenheiros transformar essa visão em realidade.

## ORDENANDO AS OPINIÕES DOS CLIENTES

De volta ao centro de engenharia da empresa, uma estrutura espaçosa feita de vidro e aço, a equipe de projeto, composta por 20 funcionários qualificados, começou a lidar com centenas e centenas de comentários e observações que haviam coletado. A estratégia da equipe, uma abordagem padrão da primeira fase do LEO, exigia que eles traduzissem essas anotações em declarações simples e diretas e em uma linguagem não especializada, a linguagem do cliente, em fichas individuais. **"Eu quero que os freios do meu carro fiquem silenciosos depois que eles passarem por manutenção"**, por exemplo, tornou-se **"freios silenciosos após a manutenção"**.

Na sala reservada para o projeto LEO, um grande espaço sem janelas cheio de mesas e cadeiras, com o assoalho revestido por um carpete industrial que ostentava uma década de manchas de café, a equipe distribuiu as fichas em várias mesas contíguas. Durante os dois dias seguintes, conversando pouco ou nada, os integrantes da equipe ordenaram gradativa e cuidadosamente as fichas em grupos, empilhando aquelas com temas semelhantes uma sobre as outras. Em uma mesa, havia uma pilha de fichas sobre ar-condicionado. Em outra, uma pilha sobre limpadores de para-brisa. Em seguida, eles redigiram as frases que deveriam ser impressas em uma ficha separada para servir de cabeçalho para cada grupo. Novamente, a linguagem tinha de ser simples e resumir o objetivo do cliente descrito na pilha de fichas. "Freios silenciosos após a manutenção" tornou-se parte de uma pilha intitulada **"freios silenciosos"**. Esses cabeçalhos conduziriam os engenheiros de projeto aos componentes do novo carro que representavam uma possibilidade de ganhar vantagem competitiva sobre os outros cinco sedãs de passageiros concorrentes.

Embora essa classificação das fichas possa parecer um método óbvio, para vários membros da equipe parecia um exercício incomum e provavelmente desnecessário. Como engenheiros, eles eram especialistas em tudo que tivesse a ver com carro e estavam acostumados a estabelecer as categorias por si sós e a encaixar nessas categorias as características que eles mesmos identificavam. Eles tinham um conhecimento muito maior sobre essas questões do que qualquer cliente. Com efeito, o LEO estava lhes dizendo: "Sim, vocês sabem mais a respeito de carros. Mas estamos fazendo isso para atender às necessidades dos clientes, e não às suas."

> **Com efeito, o LEO estava lhes dizendo: "Sim, vocês sabem mais a respeito de carros. Mas estamos fazendo isso para atender às necessidades dos clientes, e não às suas."**

Por meio de uma série de classificações semelhantes, a equipe do novo sedã selecionou determinadas áreas do carro que poderiam lhes ajudar a ganhar uma vantagem sobre a concorrência — o visor eletrônico do painel de instrumentos, por exemplo, ou o mecanismo de fechar o porta-malas do carro. Os engenheiros de freios depararam-se com 15 declarações específicas que refletiam os comentários ou comportamento dos clientes. Seria praticamente impossível atender a todas elas; eles precisavam escolher com cuidado. Os engenheiros responsáveis por outros componentes do carro enfrentaram a mesma dificuldade.

Havia sete pessoas da área de freios trabalhando no novo sedã, lideradas pelo supervisor de freios no departamento de chassi. Ele havia participado de duas idas aos *shopping centers*. Um engenheiro alto, calmo e informal chegando aos seus 50 anos, ele adorava freios — tanto que havia recusado oportunidades de promoção ao longo dos anos. Sua leal equipe havia desenvolvido o hábito de passar em sua sala todas as manhãs, com um copo de café nas mãos, para conversar sobre o dia que teriam pela frente.

Para identificar as opiniões dos clientes que poderiam norteá-los melhor em relação ao novo carro, os integrantes da equipe buscaram mais ajuda dos "especialistas" — os **clientes**. Em cada cinco entrevistados, quatro eram os clientes originais do *shopping center* e o restante eram funcionários não técnicos da empresa. Todos foram solicitados a dar opiniões sobre a importância dos 15 comentários feitos pelos clientes com respeito aos freios, de acordo com uma classificação de prioridade entre grande, média ou pequena.

Além disso, cada um dos representantes dos clientes concordou em fazer um *test drive* (teste de direção) no carro da empresa e no carro de seu principal concorrente. Eles foram incentivados a experimentar o máximo que pudessem dentre 15 itens relacionados aos freios e durante esse percurso havia um membro da equipe de engenharia — que não proferia nenhuma palavra, mas praticava a escuta passiva da primeira etapa do LEO: levantar informações (ouvir, observar e compreender). Os motoristas eram então solicitados a classificar os dois carros em relação a cada um dos 15 comentários feitos pelos clientes, em uma escala de 1 a 5, em que 5 representava próximo da plena satisfação das necessidades dos clientes.

Finalmente, a equipe criou uma tabela na qual foram inseridos os dois grupos de classificações ao lado de cada um dos 15 itens. Cada item da tabela também continha a tradução da opinião dos clientes para uma linguagem técnica ou para a linguagem empregada pela empresa. "Freios silenciosos", por exemplo, tornou-se "O ruído do freio deve estar abaixo de 40 decibéis".

Os integrantes da equipe de freios reuniram-se na manhã seguinte para confrontar a decisão mais importante da primeira fase do LEO. A meta: dentre as 15 opiniões dos clientes, escolher de 3 a 4 às quais eles **atenderiam** — os componentes do conjunto de freio do carro que eles procurariam melhorar.

A idade dos membros da equipe girava entre próximo de 30 anos e início dos cinquenta anos, um grupo até certo mais "idoso" que em tempos passados. O *downsizing* (enxugamento dos postos de trabalho) no setor de automóveis havia refreado grande parte da contratação de profissionais mais jovens. Havia pouca coisa no ambiente que correspondesse ao estereótipo de uma reunião de negócios — os engenheiros vestiam camisas esportivas e uniforme cáqui e a atmosfera era informal e simples. Eles apenas queriam dar continuidade a uma responsabilidade que os fazia se sentir um tanto quanto desconfortáveis. A mentalidade da engenharia é corrigir coisas e eles prefeririam encontrar soluções para todas as preocupações dos clientes. Eles percebiam que isso era impraticável, mas isso não significava necessariamente que eles desejassem isso.

Em relação a cada uma das 15 opiniões dos clientes, a equipe podia observar na tabela como os clientes haviam classificado a importância em geral correspondente aos itens e se eles achavam que o item era mais adequado no carro da empresa ou no carro concorrente. Ao examinar a tabela, o objetivo dos membros da equipe era procurar particularmente uma **oportunidade de superação** — uma necessidade do cliente que nem o carro do corrente nem o carro da empresa de fato atendessem. Provavelmente não seria nada muito importante. A segurança dos freios, por exemplo, é um assunto que está relacionado à consciência corporativa e é protegida por lei federal. Portanto, os fabricantes de automóveis não concorrem tanto assim no que tange à função básica dos freios.

No devido tempo, a equipe conseguiu propor quatro projetos para os freios nos quais ela concentraria seus esforços. Em cada caso, os clientes haviam dado ao item a classificação de prioridade mais alta dentre os 15. Em dois dos quatro projetos escolhidos, o carro da empresa recebeu uma pontuação melhor que a do concorrente, mas ambas as pontuações eram baixas. O carro da empresa ficou atrás do outro carro no terceiro projeto e, no quarto, os dois empataram, recebendo uma pontuação baixa (2) na categoria "freios silenciosos" sugerida pelos clientes.

Com a escolha desses quatro alvos, a equipe estava dizendo o seguinte à administração da empresa: "Independentemente das outras melhorias que viermos ou não viermos a fazer nos freios do novo carro, garantimos que essas quatro serão feitas. Podem acreditar." O desenvolvimento do veículo, tão fundamental para os clientes em perspectiva da empresa, além de envolver milhares de funcionários e muitos milhões de dólares, dependeria da conclusão bem-sucedida e em tempo desses quatro projetos relacionados aos freios e nos vários projetos como esses que haviam brotado das entrevistas com os clientes no projeto LEO.

**Em direção a um projeto melhor.**

O supervisor de freios e sua equipe, agora decrescida para cinco membros, iniciaram a segunda fase de implantação do LEO (enriquecer), dedicando-se a encontrar os melhores projetos para cumprir as metas fundamentais estabelecidas para os freios. O supervisor primeiro colocou os membros da equipe, que já haviam trabalhado antes desse novo projeto em todos os tipos de atribuição envolvendo todos os tipos de freio, em um programa intensivo de estudo para que se familiarizassem com o sistema de freios do sedã que a empresa já tinha.

De posse das informações, eles realizaram uma comparação detalhada entre os componentes do freio atual com os componentes dos seis outros tipos de freio. O objetivo não era escolher o melhor projeto dentre eles, mas motivar os engenheiros a propor linhas de projeto novas e mais criativas. Eles passariam duas semanas realizando essa atribuição, para investigar os pontos fortes e os pontos francos dos vários modelos.

> **A meta não era escolher o melhor projeto dentre eles, mas motivar os engenheiros a propor linhas de projeto novas e mais criativas.**

A técnica utilizada foi a matriz Pugh, que recebeu esse nome em homenagem ao seu criador escocês, Stuart Pugh. Depois de se formar em engenharia mecânica na Universidade de Londres, Pugh trabalhou na área de aviação e eletrônica, subindo rapidamente ao posto de projetista-chefe. Em 1970, contudo, ainda em uma idade não muito madura de 41 anos, ele abandonou o setor, tornando-se acadêmico, e gradativamente desenvolveu teorias pioneiras na área de projetos. Sua matriz ofereceu uma visão holística sobre as necessidades das empresas e as alternativas correspondentes. Uma de suas principais vantagens, escreveu Pugh, é que: "À medida que o raciocínio evolui e ocorre uma diminuição na quantidade de conceitos, por motivos sensatos, novos conceitos são gerados."[1]

Para criar a matriz Pugh, o supervisor de freios dispôs na parede da sala do projeto a sequência das imagens dos sete tipos de freio, começando pelo modelo de disco atual da empresa. Os outros abrangiam um freio a tambor, dois freios regenerativos e três variações do freio a disco.

À esquerda das imagens havia uma coluna vertical contendo os 15 critérios com base nos quais os engenheiros julgariam os vários projetos de freio. Os critérios incluíam vários itens sugeridos pelos clientes, dentre eles o item "freios silenciosos", mas a maioria deles representava exigências da empresa, como "baixo custo inicial" e "pouca manutenção". Utilizando os 15 critérios, os engenheiros procederam à classificação de todos os outros tipos de freio, para verificar se eles eram melhores, piores ou iguais aos freios do sedã atual da empresa.

---

1 Stuart Pugh, *Total Design: Integrated Methods for Successful Product Engineering* (Boston: Addison-Wesley, 1991), p. 74.

Eles associaram e recombinaram os componentes do vários estilos de freio, analisando os resultados e procurando um novo conceito de projeto. Por exemplo, eles descobriram que, em um único fator, baixo custo inicial, o freio a tambor era superior ao freio do sedã; o mesmo se aplicava aos dois freios regenerativos, mas eles eram melhores em outro critério, baixa frenagem.

Por volta do final da segunda semana, os membros da equipe haviam obtidos resultados acima das expectativas, e criado um projeto de freio completamente novo. Essa foi a boa notícia. A má notícia: como levaria muitos meses para desenvolvê-lo totalmente, o novo projeto não poderia ser usado no projeto atual e teria de ser reservado para outra ocasião. Os engenheiros também haviam proposto várias melhorias ao projeto de freio a disco existente, embora não suficientes para atingir suas metas em todos os quatro projetos representativos das opiniões fundamentais dos clientes.

Foi então que o integrante mais novo e com menos tempo na empresa, um engenheiro de projetos de 29 anos de idade, deu a sugestão de abordar uma das opiniões: "freios silenciosos". Sua ideia: "Que tal pegarmos agora o projeto das pinças, do rotor e das pastilhas e vermos até onde conseguimos chegar usando os métodos do dr. Taguchi?". O supervisor de freios aprovou a ideia, mas esclareceu que outros projetos de melhoria também seriam conduzidos.

## FINAL DO JOGO

Com a aprovação, o freio a disco aprimorado entrou na fase de otimização do LEO. Nessa etapa, ele seria submetido a um processo denominado **otimização robusta**, primeiramente desenvolvido pelo dr. Genichi Taguchi, um pioneira da qualidade nascido no Japão. O objetivo do processo é oferecer ao produto um desempenho melhor e, ao mesmo tempo, diminuir seu custo.

> **O objetivo do processo é oferecer ao produto um desempenho melhor e, ao mesmo tempo, diminuir seu custo.**

Neste momento, preciso lhe apresentar alguns termos de engenharia. Começando pela palavra **robustez**, que se refere à capacidade de um produto ter um desempenho padrão a despeito do **ruído**. Ruído, por sua vez, é qualquer elemento potencialmente perturbador, desde excesso de aquecimento operacional, uso inapropriado do produto pelo cliente em péssimas condições climáticas.

O método tradicional de engenharia de otimização cria um projeto que atende às exigências da empresa. Contudo, quando ele é testado em condições da vida real, onde novos ruídos se introduzem, inevitavelmente o projeto do produto precisa ser ajustado para se enquadrar. Em alguns círculos, isso é chamado de engenharia *whack-a-mole* (acerte a toupeira): assim que se ganha total controle sobre um problema, outro aparece. Dr. Taguchi sustentou que o ajuste do projeto aos fatores de ruído deve ocorrer antes da criação do modelo de produção, e ele encontrou uma maneira incomum e maravilhosa de fazer exatamente isso. A inversão da ordem tradicional das coisas.

A otimização robusta inicia-se pela redução da variabilidade de desempenho do novo produto. Assim que o rendimento do produto torna-se estável, o novo projeto é ajustado para atender às exigências da empresa e do cliente. Esse processo de duas etapas é outro aspecto exclusivo da fase de otimização do LEO dirigida ao futuro.

Agora, voltemos ao nosso jovem engenheiro de freios. Ao "rotor, pinça e pastilha" aos quais ele se referiu para compor o subsistema básico de um freio a disco. Rotor é a lâmina de metal circular anexada às rodas do carro, e ele gira em conjunto com a roda. A pinça é um conjunto de metal que aloja o pistão. A pastilha, ou revestimento, fica presa ao pistão. Quando você pisa no pedal do freio, essa pressão — forte ou branda — é passada para o pistão por meio do fluido hidráulico. O pistão então pressiona a pastilha contra o rotor fazendo com que o carro diminua a velocidade ou pare.

Trocando em miúdos, a frenagem consiste em *input* e *output*, ou seja, **sinal** e **resposta**. O sinal é a pressão hidráulica iniciada pelo pé no pedal de freio. A resposta é a força de frenagem ou torque aplicada ao rotor.

Idealmente, toda essa energia será usada na frenagem. Na prática, existe a interferência de fatores de ruído. As pastilhas de freio desgastam-se; o rotor perde o alinhamento; a superfície das pastilhas torna-se escorregadia com a chuva. Resultado: o carro vibra quando você pisa no freio ou leva muito tempo para parar ou o freio faz um ruído estridente — todos os sintomas que afloraram nas entrevistas com os proprietários de sedã na primeira fase de implantação do LEO. Quanto maior o número e a força dos fatores de ruído, mais o freio distancia-se de sua função ideal. A otimização robusta é uma forma de aperfeiçoar o projeto.

Para evidenciar como as ideias do dr. Taguchi são revolucionárias, analisemos o método usual de controle de qualidade.

Ele aplica uma única medida aos produtos que passam pela linha de produção: ou eles atendem ao padrão da empresa ou não. O inspetor separa esses produtos que ficam abaixo do padrão e permite que os outros passem livremente. Os produtos ou são bons ou são ruins, **aprovados** ou **rejeitados**, e nenhuma outra classificação é permitida.

Contudo, como sabemos, essa gradação, ou uma certa tolerância, existe. Alguns dos produtos aprovados simplesmente encontram um jeitinho de passar, enquanto outros passam com sucesso total. A empresa não se importa com as diferenças nos produtos aprovados, mas os clientes sim. Você preferiria ter um freio que simplesmente passou pelo controle de qualidade ou um que superou as exigências mínimas?

A mentalidade **passar-não-passar** irrita os clientes. Algumas vezes, os produtos da empresa funcionam bem, outras vezes eles funcionam muito bem e outras vezes eles tentam apenas cumprir com dificuldade sua função. Os clientes desejam **consistência** em seus produtos, ainda mais nos freios do carro.

Imagine-se por um minuto como um técnico de futebol norte-americano — digamos, Mike McCarthy, do Packers, ou Mike Tomlin, do Steelers. Você tem dois *kickers* (chutadores) de gol de campo. A temporada está começando e ambos converteram todas as tentativas, doze vezes cada um. Mas o *kicker* A concentrou todos os chutes inteiramente no meio das traves do gol, enquanto o *kicker* B os dispersou por todos os lugares, e vários simplesmente deram um jeitinho de atravessar. Qual jogador você vai escalar quando o jogo estiver correndo perigo?

Nem era preciso perguntar, certo? **É o A!** O antigo padrão do "suficientemente bom", para um jogador, um produto ou processo, não corresponde mais ao nível de qualidade exigido. Técnicos e clientes de todos os tipos, incluindo os fãs de futebol, querem e esperam mais. Eles desejam diminuir a dispersão dos produtos em torno da meta; eles desejam um nível de consistência maior. Quando os motoristas pisam no pedal do freio, eles querem a mesma intensidade de frenagem sempre e em todos os momentos.

Essa é a meta da otimização robusta, e ela lida com todos os tipos de mudança no processo de otimização. No sistema antigo, se seu produto corresponder às especificações da empresa, você relaxa. Em um projeto LEO de otimização, mesmo que as especificações sejam atendidas, a iniciativa de melhorar o produto e torná-lo mais econômico prossegue. Essa mentalidade sem limitações tem um poderoso efeito psicológico e inspira a equipe de projetos a desatrelar a imaginação e desperta ainda mais seu entusiasmo.

> **Em um projeto LEO de otimização, mesmo que as especificações sejam atendidas, a iniciativa de melhorar o produto e torná-lo mais econômico prossegue.**

Para ver a otimização robusta na prática, voltemos à equipe de subsistemas de freio, agora composta pelo jovem engenheiro e apenas dois outros colegas. A atribuição básica da equipe era variar os aspectos do projeto para observar como ele funcionava sob uma variedade de condições de ruído. A meta mais ampla era encontrar uma combinação de mudanças no projeto que diminuísse o efeito do ruído sobre o freio, melhorando o desempenho sem aumentar o custo. O ruído era o inimigo porque ele desviava o gasto de energia do freio da meta, aumentando a variabilidade.

Para ver como qualquer conjunto de mudanças no projeto afetava o desempenho, a equipe as testaria em um dinamômetro, um instrumento que giraria o rotor do freio e então mediria a força de frenagem. Havia no subsolo do centro de engenharia seis dinamômetros de 5,5 m de extensão e 2 m de altura, tal como eles são comumente conhecidos. Os resultados para cada um dos novos projetos possíveis seriam comparados com os resultados do projeto de freio existente aprimorado.

Os testes precisavam levar em conta inúmeras variáveis — tantas que, na realidade, não seria possível dar a atenção devida a todas elas. A equipe de freios as reduziu gradativamente, ficando com as mais importantes:

- **Condições de ruído** — Os novos projetos foram conduzidos sob condições de baixa temperatura e umidade e pastilhas 80% gastas. O projeto existente foi conduzido em temperaturas normais, sem umidade, e com pastilhas 10% gastas.

- **Fatores de controle** — Havia no total oito itens que seriam utilizados para aumentar o rendimento do freio — seis para as pastilhas e dois para os rotores. As pastilhas podiam ser mais finas ou mais espessas, feitas de material diferente ou mesmo reprojetadas. O material e o projeto do rotor podiam ser alterados. Para cada um dos oito controles, foram testadas três opções — três materiais distintos, por exemplo, para o rotor.

- **Pressão de entrada** — Os vários projetos foram submetidos a quatro níveis de pressão de frenagem, desde um leve toque do pé no pedal do freio até o caso de uma freada brusca.

No final, 18 versões de freio no total foram testadas em um dinamômetro. Isso levou uma semana. No devido tempo, o projeto mais robusto surgiu, oferecendo uma força de frenagem mais consistente sob condições de ruído usuais e por um custo significativamente mais baixo.

Tendo obtido esse êxito, o primeiro estágio de otimização robusta do LEO havia chegado ao fim. O segundo estágio era relativamente simples. Assim que o projeto mostrasse um desempenho consistente, bastaria ajustar a força de frenagem obtida a fim de atender às necessidades dos clientes e da empresa. Por exemplo, não é desejável ter uma força de frenagem muito alta, que um toque no pedal do freio lance seu cão *poodle* para fora da janela. O ajuste é um tipo de jogo de malabarismo, tendo o custo em uma extremidade e o desempenho e a qualidade em outra. Contudo, o resultado será um projeto de freio bem melhor e de custo reduzido.

**O poder da otimização robusta**

Tenho mais a dizer a respeito dos resultados finais obtidos no projeto do freio, mas gostaria de fazer uma pausa por um momento e enfatizar como a otimização robusta é diferente do método usual empregado para melhorar um produto ou processo. Leve em conta que o mais difícil com relação aos fatores de ruído é o uso inapropriado de um produto pelos clientes.

Estou pensando em uma tesoura simples cujo objetivo é cortar papel e tecido. É isso o que o manual do produto afirma e é isso que as tesouras fazem tão bem. Entretanto, uma determinada porcentagem de clientes ignora essas informações e insiste em tentar usar as tesouras para cortar couro ou plástico. Elas não funcionam e, se o cliente insistir, pode estragá-las, quanto mais o que ele estiver cortando.

O fabricante pode imprimir na embalagem uma advertência sobre as limitações da tesoura. Isso poderia ajudar muito, mas uma mensagem tão negativa quanto essa também poderia afastar vários clientes em potencial.

Ou fabricante pode simplesmente abandonar e reforçar o projeto da tesoura para que corte couro e plástico. As partes funcionais do utensílio podem ser reforçadas e materiais novos e mais resistentes podem ser usados. Obviamente, isso ficará caro, e o preço da tesoura subirá. E esse preço mais alto afastará muitos clientes, particularmente aqueles que não se importam em ter uma tesoura suficientemente resistente para cortar couro e plástico.

Esse é o método usual. As empresas examinam os problemas do produto ou processo, reais ou possíveis; procuram identificar a causa; e tentam encontrar uma solução para cada um deles. Além do custo envolvido, toda mudança para melhorar o sistema pode facilmente enfraquecer algum outro elemento do sistema, e o jogo *whack-a-mole* começa. Em vez de se concentrar nas falhas, a otimização robusta concentra-se em um número bem menor de meios de acordo com os quais a organização pode fazer as coisas darem certo.

> **Em vez de se concentrar nas falhas, a otimização robusta concentra-se em um número bem menor de meios de acordo com os quais a organização pode fazer as coisas darem certo.**

Em uma implantação do LEO dirigida ao futuro, o problema da tesoura seria resolvido melhorando a eficiência do projeto original. A diminuição da variabilidade do utensílio sob todas as condições de ruído relevantes geraria um produto à altura de praticamente qualquer dificuldade, inclusive do uso inapropriado do cliente, sem o sobrecarregar com custos desmedidos.

Várias vezes tive oportunidade de receber telefonemas de engenheiros-chefe de empresas em que a otimização robusta estava para ser implantada. A conversa seguia um padrão regular:

"Subir Chowdhury, não estou entendendo o que você pretende fazer aqui. Não utilizamos essa forma de otimização aqui. Ela é tão diferente que não sei por onde começar."

"Compreendo, Joe. Quando conversei pela primeira vez com o dr. Taguchi e ele me falou sobre seu método de otimização, eu também não entendi. Como você mesmo está dizendo, ele era muito diferente. Mas daí eu compreendi como ele funciona, em qualquer ambiente. Você verá, Joe; ele funcionará em sua empresa, também."

Na verdade, era isso o que estava ocorrendo no centro de engenharia da fábrica de automóveis. Depois de testar 18 modelos de freio no dinamômetro, os engenheiros de freio escolheram o projeto que apresentava melhor desempenho. Eles previram que, em comparação com o freio existente da empresa, esse modelo diminuiria **75%** do efeito do ruído sobre a força de frenagem.

## O FREIO OTIMIZADO

Quando uma versão à prova de falhas do novo projeto foi testada na produção, a diminuição de 75% do efeito do ruído caiu para 60%. Entretanto, esse número representava um **avanço notável**. O freio otimizado era substancialmente mais leve, menos caro e mais confiável que seu predecessor — e isso diminuiu a incidência do ruído agudo em 20%! A meta essencial de obter "freios silenciosos" foi atingida, decididamente.

Assim que o engenheiro-chefe viu os resultados da otimização, a "trama" do freio ganhou uma nova virada. O projeto era tão eficiente, avaliou ele, que possibilitaria que empresa diminuísse consideravelmente a dimensão do freio no novo sedã. Essa mudança economizou milhões de dólares para a empresa.

Quando o jovem engenheiro apresentou os resultados da otimização ao grupo de engenheiros de freio como um todo, a resposta foi entusiástica de uma maneira geral, mas nem todos os ouvintes estavam satisfeitos. Alguns dos engenheiros mais antigos que haviam trabalhado no projeto de freio anterior sentiram que essa versão nova e aprimorada estava colocando sua reputação de especialista em risco. Na realidade, o desenvolvimento de um freio aprimorado tinha menos a ver com o conhecimento especializado de qualquer engenheiro e mais com o poder do método LEO.

Da coleta de informações sobre as atitudes e experiências dos clientes pelos engenheiros à utilização de ferramentas como a matriz Pugh e a otimização robusta, o método LEO representava uma mudança drástica para a empresa. Ele levantou questões que os engenheiros da empresa nunca haviam considerado antes, e lhes ofereceu um método incomum para o desenvolvimento de novos produtos. E tal como eles e a administração constataram, os benefícios eram consideráveis.

Neste e nos dois capítulos anteriores, descrevi as implantações do LEO que estavam voltadas ao combate de incêndios, à melhoria do fluxo e ao desenvolvimento de produtos futuros. Nos três capítulos subsequentes, estreitarei o foco, dedicando um capítulo a cada elemento do LEO — levantar, enriquecer e otimizar. Além de um exame mais detalhado desses elementos, esses capítulos abordarão ao todo três estudos de caso.

No capítulo seguinte, por exemplo, você verá como a primeira fase do LEO foi implantada em uma madeireira, um hospital e uma empresa de ração para animais de estimação. Essa será uma pequena demonstração da variedade de setores em que o LEO é cômodo e eficiente.

Capítulo 6

# OUVINDO COM EXTREMA ATENÇÃO

Na primavera de 2010, reclamações sobre o novo *iPhone 4* viraram uma febre. Uma multidão de pessoas acreditava que a potência do sinal do aparelho estava comprometida — além das limitações do provedor de serviços, a AT&T —, se elas o segurassem pelo canto esquerdo inferior. Esse problema afetava principalmente os canhotos. Por fim, no final de junho, Steve Jobs, da Apple, publicou uma resposta oficial para o problema de seus clientes:

> "Quando seguramos qualquer telefone, podemos diminuir o desempenho da antena (...). Se você está enfrentando esse problema no seu *iPhone 4*, evite segurá-lo pelo canto inferior esquerdo de uma maneira que cubra ambos os lados da faixa preta sobre o metal ou simplesmente utilize um dos vários estojos disponíveis."

Essa declaração foi acolhida negativamente em vários lugares. Ela parecia culpar os clientes pelo problema: eles estavam segurando o telefone incorretamente e/ou que era mais barato gastar US$ 30 ou algo parecido em um estojo.

Com frequência fico assombrado com a atitude que tantas empresas e seus dirigentes exibem aos clientes. No caso do *iPhone*, que dificuldade haveria para a empresa em pedir desculpa por qualquer inconveniência e prometer tentar melhorar o modelo subsequente? Talvez não satisfizesse todos os queixosos, mas seria um tipo de diálogo educado e atencioso. Teria demonstrado que Steve Jobs estava realmente ouvindo seus clientes e era capaz de responder às suas preocupações.

Neste exato momento, a Apple ainda está tendo grande sucesso com seus aparelhos estilosos e pioneiros, mas os concorrentes estão se aproximando. Haverá um momento em que talvez a empresa se veja dependente da boa vontade e da lealdade de seus clientes e de sua reputação junto aos clientes em potencial. Nenhum desses fatores foi reforçado pela declaração sobre o *iPhone*.

Dentre as várias falhas corporativas, **não ouvir verdadeiramente os clientes** é uma das principais. Por esse mesmo motivo, ouvir com atenção e perspicácia é um passo essencial no caminho do sucesso organizacional.

> **Ouvir com atenção e perspicácia é um passo essencial no caminho do sucesso organizacional.**

Como você pode ter percebido em capítulos anteriores, ouvir (levantar informações) está também no cerne do método LEO — faz parte da primeira fase de toda implantação do LEO. Até este ponto do livro, abordei a fase de **levantamento** — que inclui ouvir, observar e compreender — simplesmente como parte do processo LEO. Neste capítulo, essa primeira fase passa a ser meu principal objetivo. Indico a melhor forma de empreendê-la, bem como as principais armadilhas que devem ser evitadas, e apresento três estudos de caso que mostram a primeira fase aplicada a problemas bastante diferentes em setores bastante diferentes e sob circunstâncias bastante diferentes.

A fase de levantamento do LEO não é uma rígida técnica passo a passo para identificar o que os clientes desejam ou necessitam. Na verdade, não existe nenhuma metodologia rigorosa que possa ser aplicada com sucesso às enormes variações que podem ocorrer na experiência e nos desejos de um cliente. Toda organização é exclusiva com respeito aos seus produtos e processos e à maneira como ela interage com e é percebida por seus clientes.

> **Toda organização é exclusiva com respeito aos seus produtos e processos e à maneira como ela interage com e é percebida por seus clientes.**

Portanto, ouvir, tal como todos os aspectos do LEO, é um método eclético — adaptado a uma empresa específica e a seus clientes particulares. E esses clientes talvez não sejam as pessoas que estão comprando os produtos da empresa. Eles podem ser clientes internos — as pessoas que trabalham nas centrais de atendimento e que estão cometendo uma quantidade incomum de erros. Eles podem ser os fornecedores — as pessoas que não estão mais atendendo aos seus telefonemas porque perderam dinheiro ao tentar lidar com solicitações de cotação incertas.

Desse modo, em uma implantação do LEO, você talvez esteja fazendo esse levantamento para identificar um novo serviço para seus clientes existentes... ou para melhorar um produto que você já possui... ou para diminuir a quantidade de refugo e retrabalho em sua fábrica... ou para lidar com qualquer uma das dezenas de **preocupações** que se enquadram nas categorias a que chamamos de **fogo** (incêndio), **fluxo** ou **futuro**.

Normalmente, as empresas recorrem aos profissionais de *marketing* e ao pessoal de atendimento ao cliente para identificar o que os clientes desejam e não desejam. Os profissionais de *marketing* realizam levantamentos e utilizam grupos focais. Eles se relacionam com os clientes existentes e em potencial no *site* da empresa, nas páginas do Facebook e pelo Twitter. O departamento de Atendimento ao Cliente registra os comentários e as reclamações dos clientes da forma como eles são expressos em *e-mails* e telefonemas. Sem dúvida, as informações coletadas dessa maneira são fundamentalmente importantes e devem fazer parte do planejamento de produto de qualquer empresa.

Entretanto, os gerentes de linha monitoram constantemente suas áreas de responsabilidade, estejam eles no departamento de Produção ou de Contabilidade, e oferecem aos dirigentes da empresa informações essenciais sobre essas operações.

Contudo, quando surgem problemas no departamento de Vendas ou em áreas operacionais, ou quando há necessidade de desenvolver um novo produto ou aprimorar um produto existente, essas fontes de informação **não são suficientes**. A administração deve compreender melhor a situação. Ela precisa de uma compreensão ao mesmo tempo mais abrangente e mais profunda — mais abrangente porque uma situação específica deve ser entendida no contexto da organização como um todo e mais profunda porque as melhores soluções surgem apenas de um conhecimento detalhado das circunstâncias e das pessoas envolvidas.

O método LEO está centrado na proposição de que a estratégia mais eficiente e mais lucrativa exige a transformação dos desejos e necessidades dos clientes em metas corporativas específicas. A fase de levantamento gera a matéria-prima para essa transformação.

## COMO LIDAR COM ISSO

Esteja você envolvido com uma implantação do LEO dirigida ao combate de incêndios, ao fluxo ou ao futuro, a primeira providência é sair de sua mesa e ir para onde a ação está — o lugar em que o problema está ocorrendo ou em que os clientes estão comprando e usando seu produto. Seja qual for o destino dessa viagem específica, para o final do corredor ou outro Estado ou país, as regras da estrada são mesmas. A mais importante é que essa experiência seja íntima e pessoal. Não é possível saber o que de fato está ocorrendo, o que os clientes estão pensando e sentindo, a não ser indo à fonte. Os relatórios de segunda ou terceira mão de seus assistentes não serão suficientes se você pretende tomar decisões com base na realidade.

> **Não é possível saber o que de fato está ocorrendo, o que os clientes estão pensando e sentindo, a não ser indo à fonte.**

Os japoneses referem-se a isso como ir ao *gemba*, "ao lugar real". Na televisão japonesa, os repórteres narram "do *gemba*" e os detetives referem-se à cena de um crime como *gemba*. Existe um ensinamento intrínseco nesse conceito extremamente essencial — e com muita frequência ignorado pelas empresas que estão procurando adotar o método de produção enxuta (*lean*) cujos precursores são japoneses.

Quando um empresário japonês vai ao *gemba*, quando ele passa um tempo na seção de produção ou na central de atendimento ou conversa com um cliente no lugar em que o cliente está, ele trata essas pessoas com respeito. O trabalhador não é apenas um dente na roda corporativa, mas uma pessoa real que compreende qual é seu trabalho e provavelmente consegue fazê-lo melhor se lhe for dada uma oportunidade. O cliente não é simplesmente uma pessoa sem influência e poder que oferece informações, mas uma pessoa com preferências e sensibilidades que pode, com algumas poucas palavras, mudar o curso de toda uma organização. Os executivos japoneses tratam as pessoas com reverência e falam com elas com educação e gratidão.

Esse respeito pelo indivíduo, independentemente da disparidade entre sua posição na vida e a posição de outra pessoa, é um componente fundamental da primeira fase do LEO. Não é apenas uma forma de comportamento humana e civilizada — ela é também eficaz. Se você de fato deseja aprender com seus funcionários e clientes, precisará fazê-los se sentir ao menos bem à vontade em sua presença. Esse bem-estar gera a cooperação de corpo e alma, o que, por sua vez, gera *insights*.

> **O bem-estar gera a cooperação de corpo e alma, o que, por sua vez, gera *insights*.**

Lembro-me de ter acompanhado um executivo de uma cadeia de hotéis que estava entrevistando um casal hospedado em um desses hotéis. Ele estava vestido de uma maneira exagerada e imaculada, com a pompa de um sargento instrutor da Marinha. Os hóspedes estavam apreensivos e a princípio o executivo não ajudou muito. Ele de fato se importava com a postura dos hóspedes em relação ao hotel, mas aí começou a disparar as perguntas tal como um sargento instrutor. As respostas do casal foram mínimas.

De repente, ele mudou — provavelmente por perceber minha expressão de tristeza e lembrar-se de que antes havia discutido a questão do *gemba* da primeira fase do LEO — e acalmou-se. Ele contou uma história ao casal sobre sua péssima estada em um hotel em Londres, lamentando-se e rindo disso. Ele perguntou se eles estavam gostando da visita à cidade e se haviam feito um passeio de barco que ele havia particularmente curtido. Em outras palavras, começou a tratá-los com respeito, como pessoas e não como objetos.

Assim que ele estabeleceu essa afinidade, o casal dividiu com ele de bom grado e totalmente suas impressões a respeito do hotel. Eles gostaram dos rolos extras de papel higiênico e do atendimento como um todo, mas reclamaram da chuva. "Sabemos que não é culpa sua", disse a mulher, "mas estamos cansados de tomar chuva".

Seu comentário inspirou o executivo a introduzir um novo componente no hotel — um guarda-chuva barato que ficava dependurado no armário do quarto com a seguinte observação: "Esperamos que o clima seja maravilhoso para você, mas em caso de necessidade...". Isso gerou comentários bem favoráveis por parte dos hóspedes e tal notoriedade, por sua vez, chamou a atenção de vários hóspedes em potencial para essa cadeia de hotéis.

Você deve se lembrar de que a primeira fase do LEO também abrange duas outras atitudes desejáveis: **observar** e **compreender**. Ao se dirigir ao *gemba*, sua missão é compreender o que está ocorrendo lá ou o que não está ocorrendo, conforme for. (O problema pode ser de omissão, o erro em não corresponder às melhores práticas mais recentes, digamos, e não de comissão.) Além de fazer perguntas para melhorar sua compreensão, você precisa ficar de olhos abertos, observar como um funcionário desempenha uma tarefa ou como um cliente usa seu aspirador de pó. Você precisa também observar como um cliente reage às suas perguntas para que você possa adaptar as perguntas e a maneira como as faz e, desse modo, adequar-se à preferência da pessoa em questão.

Assim que as pessoas que você está entrevistando compreendam o que você está procurando descobrir, deixe-as falar sem as interromper, a não ser que precise de algum esclarecimento. Não faz nenhum sentido lhes dizer o que você pensa — isso não gera nenhuma informação valiosa e só faz confundi-las e atrapalhar. Dê-lhes o direito de falar e pare de interromper. Tal como o filósofo clássico grego Epíteto propôs; **"Temos dois ouvidos e uma boca para ouvirmos duas vezes mais do que falamos."**

Ainda que você faça o mínimo de comentários, se comunicará constantemente com as pessoas que entrevistar de uma variedade de maneiras não verbais. Se você cruzar os braços e ficar balançando os pés, a mensagem negativa será tão evidente quanto se a expressasse por palavras. Se você permanecer rígido e usar uma expressão executiva e austera, como a postura de sargento instrutor do gerente de hotel, deixará os entrevistados pouco à vontade. E se seu olhar desviar-se constantemente enquanto eles estiverem falando, você os fará perder o interesse.

Uma forma de demonstrar seu interesse sincero pelas experiências e ideias das pessoas é fazer anotações. Isso demonstra também a importância que você deposita no que eles dizem e a possibilidade real de que posteriormente agirá de acordo com as palavras e opiniões dessas pessoas. Além disso, se sua memória for como a minha, tomar nota é apenas uma forma de não se esquecer dos detalhes do que você está ouvindo.

**Apreendendo a verdade por inteiro**

Existe uma armadilha potencial esperando por aqueles que investem na primeira fase do LEO: a tentação de interromper o processo muito cedo. Com demasiada frequência tive oportunidade de ver determinados dirigentes interromperem essa atividade porque haviam obtido vários *insights* e estavam ansiosos por colocá-los em prática. "Chega de conversa", insistem eles. "Quero ver algum resultado", dizem alguns "apressados".

Esse impulso é compreensível. Se você passar a maior parte de seus dias em reuniões sobre o que será feito ou deve ser feito, ficará impaciente com os preparativos e ansioso por ver alguma ação. Contudo, como ouvinte e observador, você precisa resistir a esse impulso, a menos que esteja verdadeiramente convicto de que apreendeu a verdade por inteiro da situação. Você conversou com uma grande amostragem de pessoas ou está se baseando em conclusões extraídas de uma amostra muito pequena? Você dedicou tempo suficiente para observar uma operação de produção ou o comportamento de um cliente em relação ao seu produto para ter certeza de que compreendeu o bastante para estruturar um novo plano ou estratégia?

A qualidade que o LEO pode oferecer é diretamente proporcional à qualidade das informações coletadas na fase de levantamento das mesmas. Essas informações, colhidas junto aos clientes internos e externos, determinam todo o andamento da implantação do LEO. Sim, existem ferramentas eficientes de todos os tipos que podem ser aplicadas para trabalhar com os dados coletados a fim de estabelecer metas e resolver os problemas, mas os resultados que essas ferramentas podem produzir são limitados pela natureza dos dados da fase de levantamento. Não se esqueça nunca que o que entra em uma ponta determina o que sairá na outra.

Ao se concentrar em uma interpretação precisa sobre os clientes, o LEO não isenta os fornecedores. Mesmo que sua empresa seja um fornecedor que atende a empresas de produtos de consumo, recomendamos com veemência que você ouça os clientes dessas empresas — os **clientes finais**.

Lembro-me claramente da descrição que um amigo me fez sobre sua situação aflitiva. Ele era engenheiro e trabalhava para uma empresa que fabricava componentes de plástico para uma fábrica de automóveis. Houve um momento em que seu cliente lhe fez um pedido para fabricar algo que, na opinião dele, não teria oportunidade de sucesso entre o público. Ele tentou delicadamente apresentar ao cliente o motivo pelo qual os compradores de automóvel não gostariam do projeto, mas não chegou a lugar algum. "Fabricamos o produto, exatamente da forma que eles queriam", disse meu amigo, "e foi um desastre, tal como já prevíamos. Eu fiquei morrendo de vontade de falar 'Eu não disse", mas você sabe muito bem que não o fiz."

Em prol de sua própria sobrevivência, os fornecedores precisam ser competentes para descobrir o que os clientes finais desejam, e a melhor forma de chegar lá é ir ao *gemba*. Hoje, muitos fornecedores importantes estão fazendo exatamente isso, complementando a pesquisa de mercado que seus clientes estão fazendo. Em alguns casos, as empresas de produtos de consumo na verdade transferiram toda essa atividade para seus fornecedores parceiros — uma espécie de **terceirização final**.

Seja qual for o produto ou processo de uma empresa, seu sucesso em última análise dependerá de sua capacidade de atender às necessidades e aos desejos de seus clientes. Como você verá nos estudos de casos logo a seguir, o processo de levantamento do LEO é um método flexível e eficaz para descobrir quais são de fato essas necessidades e desejos.

> **Seja qual for o produto ou processo de uma empresa, seu sucesso em última análise dependerá de sua capacidade de atender às necessidades e aos desejos de seus clientes.**

## O SUCESSO DE UMA MADEIREIRA

Aos 35 anos, um executivo despretensioso de repente se viu à frente de um império. Tratava-se apenas de uma parte da vasta propriedade a noroeste de uma gigantesca madeireira. Contudo, como gerente regional, Keith — esse é o nome pelo qual o chamarei — era responsável por 700 trabalhadores que cortavam as árvores, transportavam as toras e operavam as três fábricas de processamento de madeira em sua divisão no Oregon (EUA).

Entretanto, tal como ele logo descobriu, havia alguns problemas. Sua região tinha mais capacidade do que vendas. Keith precisava conseguir alguns novos clientes ou vender mais aos clientes que ele já tinha — ou ambas as coisas. Ele tinha pouca convicção de que convidar alguns representantes de compra para almoçar pudesse dar conta do recado. Porém, ele havia ouvido falar do LEO, e depois de ficar sabendo de seus bons resultados, resolveu adotá-lo.

Do mesmo modo que a maioria dos executivos da empresa, Keith havia galgado sua posição a duras penas. Ele começou na floresta, operando um trator arrastador e uma motosserra, e só depois ganhou uma posição como principiante em uma fábrica de processamento de madeira. Logo depois ele se tornou supervisor e com o tempo o mais jovem gerente de fábrica na história da empresa.

A fábrica de processamento que Keith dirigia era segura e bem-sucedida. Ele e sua família, que incluía sua esposa e dois filhos pequenos, estavam confortavelmente instalados na cidade quando ele foi promovido para gerente regional. Ele havia demonstrado sua inteligência para os negócios, aumentando consideravelmente as vendas da fábrica, e era um chefe respeitado — embora, como cristão devoto, seu vocabulário diferisse do vocabulário dos vários lenhadores e operários.

Na preparação para a implantação do LEO, Keith convocou seu *marketing lead* ("líder de *marketing*") e três engenheiros de sua fábrica de processamento de madeira para uma reunião que duraria o dia todo. Eles se reuniram em uma sala com vista para as montanhas Cascade, cujos picos vulcânicos ainda evidenciavam traços de neve naquele dia de verão. Servidos de café e *doughnuts* (rosquinhas), Keith expôs o problema: como um aluno com QI (quociente de inteligência) alto que tira média C, a empresa não estava tendo um desempenho à altura de sua capacidade.

Esses quatro indivíduos voltaram sua atenção para uma lista de clientes existentes, coletando e analisando os dados. Que quantidade de cada produto cada um dos clientes compra? Qual era o valor em dólares (reais) e qual era a margem de lucro dessas vendas? Com essas informações, Keith e seus assistentes pararam e conversaram sobre onde procurar um maior volume de vendas e quais clientes deveriam visar. Ao final do dia, eles tinham a resposta: **fabricantes de janelas**. A coleta e análise de dados é um passo inicial importante em qualquer processo LEO de levantamento. Nesse caso, Keith e sua equipe precisavam de uma clara visão da situação financeira de seus clientes para ajudá-los a decidir onde deveriam concentrar seus esforços de venda. Entretanto, tal como ele percebeu, para que sua equipe aumentasse a quantidade de pedidos, precisaria estar muito bem informada a respeito das operações dos clientes, e a melhor forma de fazer isso era ir ao *gemba*.

> **A coleta e análise de dados é um passo inicial importante em qualquer processo LEO de levantamento.**

"Quais de vocês algum dia visitaram qualquer uma das fábricas de janelas de nossos clientes?", perguntou Keith a seus assistentes. Nenhum deles. Ele não ficou tão surpreso. A empresa deixava isso a cargo dos vendedores. O próprio Keith e seu representante de vendas haviam passado uma hora no escritório de um dos fabricantes de janelas, negociando um acordo com um representante de compras, mas não haviam visitado a fábrica propriamente dita.

Keith queria mudar isso como parte da participação da empresa na implantação do LEO. Ele explicou a fase de levantamento à equipe utilizando uma série de passos lógicos:

- Temos vários tipos de cliente nessas empresas. Existem as pessoas na plataforma de desembarque que descarregam nossos caminhões, os operadores que montam e finalizam as janelas e as pessoas que as instalam nos domicílios. Finalmente e igualmente importante, existem os proprietários das casas que terão de conviver com essas janelas durante anos.

- Precisamos apresentar um bom motivo para que as pessoas que dirigem essas empresas comprem uma quantidade maior de nossas madeiras.

- Para encontrarmos esse motivo, precisamos ter um conhecimento bem maior sobre o funcionamento dessas fábricas e os problemas e necessidades das pessoas que trabalham lá.

- A melhor maneira de obter esse conhecimento é interagir pessoalmente com esses indivíduos, ouvi-los e observá-los enquanto e onde eles trabalham.

E foi esse plano que Keith colocou em prática. Ele aumentou a equipe para oito pessoas, acrescentando um classificador de madeira, outro representante de *marketing* e dois gerentes de fábrica de processamento. Em seguida, entrou em contato com seu maior cliente de fabricação de janelas e explicou que ele e sua equipe gostariam de conhecer melhor de que forma a madeira que eles forneciam estava sendo empregada. O cliente ficou contente com esse desejo óbvio de um fornecedor de melhorar seus serviços.

Foi marcado um dia e, na noite anterior, a equipe pegou um voo de ponte aérea para Rapid City, no Estado de Dakota do Sul. Após o jantar, Keith reuniu a equipe no hotel e finalizou seus planos. Quatro equipes de duas pessoas observariam as operações na fábrica e depois conversariam com os operários. Tal como exigido pelo gerente de fábrica, essas conversas ocorreriam durante os intervalos regulares dos operários. Os membros da equipe anotariam cuidadosamente o que vissem e ouvissem nos cadernos que Keith havia fornecido.

Ele e sua equipe passaram dez horas ao todo na fábrica de janelas naquele dia, e voltaram para o Oregon na manhã seguinte. Na semana subsequente, eles aprenderam a usar algumas das ferramentas da fase de levantamento que eu descrevi em capítulos anteriores. Eles transformaram suas anotações em frases simples e diretas e as registram em fichas, que foram então categorizadas. Essas categorias foram priorizadas em relação à importância do item para o cliente. Os resultados foram examinados e analisados. Possíveis soluções e iniciativas foram propostas e debatidas, e os resultados foram discutidos com os fabricantes de janelas.

**Resultados**

Tal como se evidenciou, o método LEO funcionou muito bem para Keith e sua empresa em três frentes.

Primeiro, a equipe observou que algumas pessoas na fábrica de janelas estavam encontrando problemas com o confuso e tradicional sistema de classificação de madeira. Consequentemente, eles tinham dificuldade para pedir o tipo de madeira necessário.

As tábuas podem ser feitas de madeira mais dura ou madeira mole e cada uma tem usos específicos, embora algumas vezes a madeira mole possa ser substituída por madeira de lei — em prateleiras, por exemplo. (Na verdade, a madeira de lei não é necessariamente mais dura que a madeira mole.)

A classificação dada a uma tábua baseia-se na avaliação de um operário específico (que é então afixada à tábua). As classificações variam de **"corte sem defeitos"**, com respeito a uma tábua sem nós ou outros defeitos em ambos os lados, a **"abaixo da qualidade"**, em relação a uma tábua com defeitos em mais de 80% de sua superfície. Existem mais ou menos cinco classificações entre essas duas, a maioria delas em referência a uma das faces da tábua.

Na fábrica de janelas, os funcionários que examinavam as madeiras que seriam compradas para o caixilho interno das janelas de um projeto específico, por exemplo, precisavam escolher entre pinho, carvalho, acerácea e uma madeira mole pintada de branco, todas elas com várias classificações possíveis.

Keith desenvolveu um sistema de classificação exclusivo designado especificamente para os clientes de fabricação de janelas. Ele se baseava no uso que se daria à tábua, e não no sistema antigo. Ao solicitar uma madeira para o caixilho, por exemplo, os fabricantes de janelas precisam escolher apenas entre "caixilho interno para coloração" e "caixilho interno para pintura". A fábrica de processamento de Keith tomaria conta do restante.

Como a madeira correta era utilizada para realizar o serviço, o cliente final recebia uma janela mais bonita. E a mudança de classificação dobrou as vendas de Keith para fabricantes de janelas.

Em segundo lugar, sua equipe também observou várias operações que estavam sendo executadas na fábrica de janelas que poderiam ser realizadas mais eficientemente na fábrica de processamento. Por exemplo, quando a preparação da madeira para juntas denteadas passou a ser feita na fábrica de processamento, essa mudança gerou uma receita extra para a fábrica e eliminou um processo problemático para os fabricantes de janelas.

Contudo, o maior benefício do método LEO para os fabricantes de janelas foi a constatação por parte da equipe visitante de que em duas áreas de montagem a empresa poderia utilizar uma tábua de nível inferior e menos cara sem prejudicar a funcionalidade ou a aparência da janela. Em outras palavras, os custos caíram enquanto a qualidade e funcionalidade elevaram-se, e isso com frequência é inesperado. A economia de custo foi outro motivo que permitiu que as fábricas de janelas dobrassem o tamanho do livro de pedidos de Keith.

> **Os custos caíram enquanto a qualidade e funcionalidade elevaram-se, e isso com frequência é inesperado.**

## UM HOSPITAL ENCONTRA A CURA

Há vários anos, em uma determinada tarde o médico responsável pelo controle de doenças infecciosas de um grande hospital público foi convocado para uma reunião com a diretora executiva e sua equipe. O médico — que chamarei de dr. Arnold — tinha quase certeza sobre qual seria o assunto da reunião, e acertou.

Um relatório hospitalar interno que havia acabado de ser deixado sobre sua mesa mostrava que o índice de infecções adquiridas no hospital (infecção hospitalar — IH) entre os pacientes internados estava **10% acima da média** para os hospitais ao redor do Estado. Sem rodeios, a diretora executiva lhe pediu explicações. Além disso, ela gostaria de saber qual seria sua estratégia para diminuir o índice de infecções. Dr. Arnold não poderia atendê-la em nenhuma das considerações. Foi uma reunião estressante.

No dia seguinte, seu estresse ficou ainda maior. Os jornais locais haviam tido acesso ao relatório. As manchetes fizeram a situação parecer mais desesperadora do que era, e quando ele foi chamado à sala da diretora executiva naquele dia, ele esperava o pior. Em vez disso, ela tinha uma sugestão.

O hospital havia começado a introduzir o LEO em parte de suas operações, e ela imaginou que esse método pudesse ser útil para lidar com o problema de IH. Ela colocou o dr. Arnold em contato com a equipe que estava envolvida com a implantação, e ele reservou um tempo diário durante uma semana para analisar o sistema. Nesse ínterim, ele começou a montar uma equipe multitalentos para rever e analisar os dados sobre IH. No momento em que ele teve certeza de seu conhecimento sobre o LEO, a equipe estava preparada; além do próprio dr. Arnold, a equipe tinha um enfermeiro cirúrgico, um médico da sala de emergências, um supervisor de cuidados aos pacientes internados, um médico de medicina interna e um técnico em radiologia.

Para dar o pontapé inicial na fase de levantamento, dr. Arnold e os outros integrantes da equipe reuniram-se em uma sala bem confortável em uma nova ala do hospital, bem diferente das instalações do antigo prédio principal, na época com 40 anos de existência. Eles começaram a examinar as estatísticas de IH de diversas áreas de cuidados aos pacientes internados, do diagnóstico cardiovascular à cirurgia pediátrica. A meta era eliminar as áreas com pouco ou nenhum aumento no índice de infecções para, desse modo, identificar com precisão as áreas problemáticas nas quais deveriam centralizar sua busca por uma causa.

A técnica — a análise ramificada descrita no Capítulo 3 — não conseguiu revelar nenhuma pista promissora.

Em seguida, dr. Arnold dividiu seu grupo em equipes de duas pessoas. Elas receberam a incumbência de ir ao *gemba*, onde a ação se encontra. Cada equipe investigou uma ou outra parte do hospital. Na radiologia, por exemplo, eles investigaram como os técnicos trabalhavam com as pessoas que estavam fazendo exame de raio X ou tomografia computadorizada. Eles observaram as precauções adotadas nas cirurgias e verificaram se os enfermeiros estavam fazendo a higienização das mãos depois de trabalhar com um paciente na área de doenças infecciosas.

Três semanas depois, dr. Arnold convocou outra reunião com todo o grupo. Havia novidades importantes. No decorrer da fase de **levantamento**, o médico de medicina interna, um jovem recém-chegado ao hospital, havia observado que os índices de infecção pareciam mais altos entre os pacientes que haviam recebido **terapias intravenosas** (TIVs) nas mãos ou nos braços. Os outros membros da equipe ficaram impressionados, particularmente porque até então não havia nenhum sinal visível de que as TIVs eram responsáveis pelas infecções dos pacientes — nenhuma inflamação ou inchaço no local das TIVs. As infecções poderiam estar vindo de qualquer outra fonte, mas o jovem médico havia detectado essa correlação com a TIVs.

Além disso, ele havia constatado que as TIVs eram mudadas a cada 72 h. No hospital em que ele havia trabalhado antes, a mudança ocorre a cada 96 h, e com alguns telefonemas ele ficou sabendo que a norma em todo o Estado era 96 h. "Quanto maior a frequência da mudança dos cateteres", lembrou ele, "maior a probabilidade de infecção".

Dr. Arnold compartilhou os resultados obtidos pela equipe com a diretora executiva, que havia solicitado que a mantivessem informada. Ele propôs que os supervisores em todas as áreas do hospital em que se utilizavam TIVs fossem solicitados a informar se as TIVs estavam de fato sendo realizadas de acordo com as instruções escritas. A diretora executiva concordou e deu continuidade ao processo. Os relatórios dos supervisores foram enviados em uma semana, todos com a afirmação de que os procedimentos escritos estavam sendo seguidos fielmente.

Com isso, o mistério da quantidade exagerada de infecções

por TIV ficou sem solução, o que levou dr. Arnold a pedir aos membros de sua equipe para voltar ao *gemba*, dessa vez voltados para as áreas do hospital em que se utilizavam cateteres de TIV. Além disso, insistiu para que eles ouvissem o que os pacientes tinham a dizer a respeito das TIVs.

Não demorou muito para a equipe realizar uma série de descobertas surpreendentes e preocupantes:

- Diferentes áreas do hospital estavam seguindo procedimentos escritos diferentes para a inserção dos cateteres de TIV.

- Estavam sendo empregados quatro métodos diferentes no local de preparação.

- Estavam sendo utilizados três tipos diferentes de *ports* (cateter totalmente implantado) nas TIVs.

- Uma quantidade de funcionários bem superior à prevista estava iniciando as TIVs.

- Os pacientes que recebiam TIV nas mãos estavam reclamando de dor, e estavam pedindo para que fossem inseridos novos cateteres a cada dois dias.

As constatações obtidas na fase de levantamento do LEO possibilitaram que o dr. Arnold e sua equipe desenvolvessem um conjunto totalmente novo de propostas e estratégias nas fases de enriquecimento e otimização. Ele as apresentou à diretora executiva porque elas exigiam uma remodelação importante no método de TIV do hospital, mas ela aprovou seu plano rapidamente.

Foi preparado um novo procedimento escrito para cobrir as TIVs realizadas nas veias da mão e do braço e enviado a todos os departamentos. Um pequena quantidade de pessoas da equipe hospitalar, distribuídas entre os diferentes departamento, recebeu treinamento no novo procedimento de inserção do cateter de TIV. Assim que esse treinamento foi concluído, apenas elas tinham permissão para inserir os cateteres. E um único tipo de *port* foi adotado para ser utilizado em TIVs realizadas nas mãos.

## Resultados

Em virtude dessas melhorias, o hospital conseguiu adotar um plano de mudanças da TIVs a cada 96 h, e não a cada 72 h. Só isso diminuiu acentuadamente o índice de infecções provocadas por TIV. Esse plano também gerou alguns benefícios financeiros. A diminuição de 25% na quantidade de mudanças realizadas nas TIVs gerou uma redução nos custos hospitalares de mais de US$ 100.000 por ano, e o menor índice de infecção diminuiu o tempo médio de permanência dos pacientes no hospital, economizando para a instituição mais US$ 130.000 ao ano. Esse novo processo obtido por meio do LEO era bem mais eficaz, confiável e eficiente.

O sucesso obtido na resolução do problema de infecção foi aclamado nas mídias locais. Em uma entrevista com uma emissora de rádio, a diretora executiva concedeu todos os créditos ao dr. Arnold e à sua equipe. De volta à sua sala, ela solicitou agilidade na implantação do LEO em todo o hospital.

Outro benefício menos tangível foi obtido no projeto direcionado às TIVs que só se tornou visível com o tempo. Como de fato ocorre nas implantações do LEO de modo geral, a experiência de assumir um desafio sério e vencê-lo em conjunto inspirou um maior sentimento de respeito nos funcionários do hospital e uma atitude mais positiva e confiante.

> **Como de fato ocorre nas implantações do LEO de modo geral, a experiência de assumir um desafio sério e vencê-lo em conjunto inspirou um maior sentimento de respeito nos funcionários do hospital e uma atitude mais positiva e confiante.**

## UMA EMPRESA DE RAÇÃO PARA ANIMAIS DE ESTIMAÇÃO APRENDE UM NOVO TRUQUE

Os membros da equipe responsável pela marca de ração para filhotes de cães em uma empresa de ração para animais de estimação na costa leste sentiam orgulho de seu produto. Eles tinham convicção de que o produto oferecia o teor nutritivo que um filhote necessitava para se preparar para uma maturidade saudável e feliz. Eles imaginavam que seus clientes, os donos dos filhotes, sentiam a mesma coisa.

O pessoal de *marketing* e a equipe de vendas da empresa tinham uma visão diferente sobre as coisas. Eles tinham convicção de que havia chegado o momento de produzir uma ração *premium* para filhotes. Essa ração atrairia, defendiam eles, clientes ricos de áreas residenciais afastadas dos centros urbanos que estavam dispostos e podiam pagar algo mais pela satisfação de dar aos filhotes o melhor.

"Ridículo", disse a cientista de alimentos da equipe de produtos, uma mulher com mais de 20 anos de experiência em laboratório. Elas havia analisado a ração *premium* para filhotes lançada por um concorrente e descobriu que ela não era de forma alguma mais saudável do que o produto de sua empresa.

Os outros membros da equipe estavam divididos com relação ao assunto. Dentre eles estavam a gerente de produtos, uma mulher no início dos quarenta com uma conduta agradável, um currículo notável e um estilo prático; dois homens no inícios dos trinta com formação em pesquisa de mercado e vendas; e um jovem formado em engenharia de embalagens. O jovem não tinha nenhuma opinião formada sobre o assunto, porque, como ele dizia, **"não é problema meu"**. Para um dos profissionais de *marketing* toda a ideia da ração *premium* para filhotes era um **"modismo ridículo"**.

A gerente de produtos também tendia para essa direção, mas sabia que a proposta dos representantes de vendas e *marketing* tinha muito respaldo em pesquisa. Eles lhe apresentavam constantemente suas análises de pesquisa em pequenos livros e *slides* no *PowerPoint*.

A empresa de ração para animais de estimação tentava estabelecer contato com seus clientes de uma série de maneiras.

- **Levantamentos** — Os clientes recebiam regularmente questionários, enviados por *e-mail* ou pelo correio, através dos quais se procurava identificar suas reações ao produto atual da empresa e dos concorrentes.

- **Grupos de foco** — De cinco a oito clientes por vez eram convidados a responder perguntas em um dos escritórios dos vários centros de vendas da empresa.

Durante as sessões de 90 min, a equipe de produtos podia observar e ouvi-los em outra sala; os clientes estavam cientes desse esquema.

- **Entrevistas presenciais —** As equipes de pesquisa de mercado conduziam entrevistas individuais com clientes que eram classificadas como entrevistas com perguntas abertas, mas acabavam sendo entrevistas com perguntas e respostas.

- **Testes de campo —** Quando empresa desenvolvia um novo produto ou mudava algum deles, ele era colocado em determinadas lojas para testar a reação dos clientes. Havia também entrevistas de acompanhamento com pessoas que haviam comprado o produto em teste para identificar suas reações após o uso.

A gerente de produtos havia participado da implantação do LEO em um momento anterior de sua carreira. Ela se lembrava do quanto a fase de levantamento havia sido eficiente no sentido de ajudá-la a escolher o caminho correto para se conectar intimamente com seus clientes. Foi quando ela conclui que ela e os outros membros de sua equipe não poderiam tomar uma decisão bem informada sobre o produto *premium* proposto sem ouvir e observar diretamente os clientes de ração para filhotes em seu hábitat natural.

Ela dividiu sua equipe em grupos de três pessoas e tomou providências para que cada um visitasse a casa de vários clientes. Lá eles tiveram a possibilidade de acompanhar os clientes em todo o processo de alimentação, como a abertura da embalagem de ração para filhotes, a colocação da ração na tigela e as reações do cachorro e do cliente.

## Resultado

Para os observadores da equipe de produtos, nenhum do quais dono de cachorro, foi uma experiência reveladora. "Sinto que pela primeira vez de fato compreendi nossos clientes", comentou um deles depois que as visitas haviam sido realizadas.

Uma das constatações foi o profundo afeto dos clientes para com os animais e a seriedade do comprometimento para com a saúde deles. Isso podia ser traduzido no desejo de oferecer aos filhotes uma ração "aparentemente" saudável e nutritiva.

Os membros da equipe chegaram a duas outras constatações, nenhuma delas particularmente favorável. Eles viram consternados que vários clientes tinham dificuldade para abrir, manusear e fechar os sacos de ração. E descobriram ainda que a maioria deles considerava a marca de ração para filhotes um produto de baixo custo que não estava nem um pouco acima da qualidade média.

A experiência de ouvir e observar abriu os olhos dos membros da equipe para as consequências. A gerente de produtos passou a defender com veemência uma nova ração *premium* para filhotes e do mesmo modo os demais integrantes de sua equipe, incluindo a cientista de alimentos. Assim que eles perceberam a tamanha paixão dos clientes por seus animais de estimação, a possibilidade de um novo produto que usasse essa paixão como apelo tornou-se óbvia.

> **Assim que eles perceberam a tamanha paixão dos clientes por seus animais de estimação, a possibilidade de um novo produto que usasse essa paixão como apelo tornou-se óbvia.**

O tempo passado com os clientes também mudou a atitude de indiferença do engenheiro de embalagens. Ele percebeu que tinha um trabalho a fazer. Em primeiro lugar, havia uma clara necessidade de redefinir a embalagem do produto existente para torná-lo mais fácil de ser manuseado pelo usuário. E o novo produto exigiria igualmente uma reflexão cuidadosa. De uma coisa ele tinha certeza — a embalagem, embora enfatizasse a saúde dos filhotes, deveria também abordar o afeto dos donos por eles.

## FINAL DO JOGO

Inúmeras ferramentas de grande eficácia podem ser utilizadas no processo de levantamento, a primeira fase do LEO. Contudo, tal como se evidenciou nos estudos de caso deste capítulo, a meta na implantação do LEO sempre é manter as coisas o máximo possível **simples**.

Quanto mais complexa a ferramenta, maior o esforço que a empresa deverá empreender para aprender a utilizá-la apropriadamente e mais difícil será adaptá-la às circunstâncias particulares de uma determinada empresa. Veja por este ângulo: quanto menos complicações houver, menor o número de fatores que podem dar errado.

O fato é que as técnicas básicas e sem adornos darão conta do recado muito bem na maioria das situações. Tal como Leonardo da Vinci disse um dia: **"A simplicidade é o grau máximo de sofisticação."**

A missão de "manter a simplicidade" também se aplica aos estágios de enriquecimento e otimização. Entretanto, por sua própria natureza, essas fases requerem a utilização de métodos de gestão mais complexos. Você verá alguns deles nos dois capítulos subsequentes: o primeiro dedicado ao enriquecimento e o segundo à otimização.

No capítulo seguinte, a fase de enriquecimento é mostrada na prática em uma confeitaria, na empresa de um fabricante de equipamentos cirúrgicos e em uma empresa de bancos automotivos. Como de costume, o LEO é adaptado às necessidades especiais de cada empresa — e, em um dos casos, essas necessidades eram de fato simples.

> **Revisão: Levantamento (observar, ouvir e compreender)**
>
> 1. **Você está saindo de sua mesa e indo a campo?** Vá aonde a ação está. Procure os clientes. Visite as fábricas. Visite o departamento de vendas. Vá aonde os problemas estão. Vá aonde os fatos estão.
>
> 2. **É você quem sempre fala?** É difícil ouvir dessa forma. Observe o que está ocorrendo. Observe o que seus funcionários estão fazendo. Observe o que seus clientes estão fazendo. Preste atenção ao que eles dizem. Quando tiver certeza de que compreendeu, observe e ouça um pouco mais.
>
> 3. **Você está sendo empático com as outras pessoas? Está vendo o mundo através dos olhos delas? Está percebendo de onde seus funcionários e clientes estão vindo?** Não é você quem está em jogo, mas eles. Essas são as pessoas a quem você deve ouvir e com as quais você deve aprender.

**Capítulo 7**

# ENRIQUECENDO O PRODUTO

A primeira cafeteria na Inglaterra foi construída em Oxford em 1650 e revelou-se um ótimo negócio — por volta de 1675, havia mais de 3.000 cafeterias só na Inglaterra. Ao mesmo tempo, elas se tornaram populares em toda a Europa.

As cafeterias mudaram drasticamente os hábitos de beber da época, desviando seus clientes de sua tradicional dependência de cervejas, vinhos e outras bebidas alcoólicas. A substituição de um estimulante para essas bebidas depressivas despertou os clientes para um sério debate e isso, por sua vez, inspirou novas ideias radicais sobretudo, de **religião** a **política**. As cafeterias foram o lugar de procriação do que veio a ser chamado de **Iluminismo**, que apelava para que a humanidade depositasse sua **fé na razão**. Entre esses rebentos estava a Revolução Norte-Americana.

Naquela época e atualmente, em uma cafeteria ou em uma sala de diretoria corporativa, a criação de novas ideias valiosas exigiu estímulo e uma atmosfera que fomentasse a criação. E esse processo é central ao tema deste capítulo — a fase de enriquecimento do método LEO. Nessa fase, como você pôde ver no capítulo anterior, a ênfase encontra-se na identificação precisa das necessidades reais do ciente e da natureza real do problema. No estágio de enriquecimento, a busca recai sobre a melhor solução. Isso geralmente exige algumas análises e discussões sérias — e muitas ideias brilhantes. Nas páginas que se seguem, descrevo como isso ocorre na implantação do LEO — em geral e em três estudos de caso. Não é preciso estar em uma cafeteria, mas uma xícara de café não fará mal algum.

> **No estágio de enriquecimento, a busca recai sobre a melhor solução.**

Gosto de pensar sobre a fase de enriquecimento tomando os dois sentidos que a palavra transmite. Ela torna os produtos e processos melhores — ela os enriquece, elevando o nível de qualidade — e, com isso, também tende a enriquecer os proprietários das organizações que utilizam essa fase do método LEO. Obviamente, esses dois empregos da palavra nem sempre têm efeito. Como todos nós aprendemos, "A arte enriquece a vida", mas é improvável que ela consiga engordar sua conta bancária — longe disso!

Já que estou falando sobre isso, devo ressaltar que existe uma tensão mais séria embutida nos dois significados de **enriquecer**, uma tensão que oferece uma prova máxima para qualquer implantação do método LEO. Embora a meta seja melhorar a situação, sempre existem limitações na prática. Você não enriquecerá ninguém se suas iniciativas de melhoria interromperem os processos de sua organização ao longo de semanas seguidas — interferindo diretamente nos processos da linha de frente, por exemplo, ou afastando inúmeras pessoas de suas atribuições normais por um tempo demasiadamente longo. Tampouco você incrementará os resultados financeiros alocando recursos importantes para ajustar processos que têm um impacto mínimo sobre a qualidade. É por esse motivo que, em todos os estágios da implantação do LEO, o líder da equipe deve calcular os custos e atualizá-los e fazer com que eles se mantenham de acordo com o orçamento.

**Você não enriquecerá ninguém se suas iniciativas de melhoria interromperem os processos de sua organização ao longo de semanas seguidas.**

Outro componente essencial da fase de enriquecimento: ela reflete o comprometimento do LEO para com a melhoria contínua, a iniciativa ininterrupta de obter maior qualidade. Sim, a busca de uma solução para um problema deve ter um fim após um espaço de tempo razoável e alguma decisão deve ser alcançada. Contudo, a administração deve se contentar tão facilmente ou tão rapidamente com os resultados dessa busca. O LEO defende a ideia de que sempre existe uma alternativa melhor ainda a ser descoberta.

> **O LEO defende a ideia de que sempre existe uma alternativa melhor ainda a ser descoberta.**

## COMO LIDAR COM ISSO

O primeiro estágio do processo de enriquecimento de certa forma varia de acordo com a missão do LEO. No combate a incêndios, ele parte de uma enunciação completa do problema. No fluxo, a equipe LEO cria um mapa da situação operacional atual. No futuro, ele se inicia com um estudo sobre a estrutura ou *design* do produto ou serviço existente. Em todos os casos, porém, a meta é identificar e compreender claramente o que está ocorrendo — o **"presente"** revelado pela fase de levantamento que será enriquecido.

Isso pode ser mais ou menos complexo, dependendo da missão. No Capítulo 3, ao apagar um "incêndio" na fábrica de balas de goma, foi utilizada uma análise por meio de uma árvore ramificada para excluir diversas causas possíveis do peso inferior das balas de goma. No Capítulo 4, foi afixado à parede um mapa do processo existente de solicitação de cotação em uma fábrica de brinquedos, evocando os vários pontos problemáticos. No Capítulo 5, o supervisor de freios designou os membros de sua equipe para um "programa de estudo intensivo" para que se familiarizassem com o sistema de freio do último modelo de carro da empresa.

Assim que a situação atual está descrita, o processo de enriquecimento requer que a equipe desenvolva opções que solucionem o problema ou suplantem o produto ou processo existente. Primeiramente, entretanto, a equipe incumbida do projeto normalmente investiga todos os tipos de fonte — desde publicações de negócios à Internet e de registros de patente a livros de biologia ou química. Ideias antigas, há muito tempo abandonadas, podem voltar a ser avaliadas. Os dados coletados junto aos concorrentes serão cuidadosamente examinados.

> **O processo de enriquecimento requer que a equipe desenvolva opções que solucionem o problema ou suplantem o produto ou processo existente.**

Com base nessa pesquisa, inúmeras abordagens possíveis ao problema em questão surgirão. Elas servirão de matéria-prima para uma série de sessões voltadas para a criação de soluções alternativas totalmente novas.

## Improvisação

Algumas dessas sessões incluirão o *brainstorming* ("toró de ideias"), uma palavra da qual não gosto muito porque ela fugiu de seu significado original e fundamental. Em alguns círculos, o *brainstorming* é ridicularizado e considerado um exercício esbanjador de recursos e autopermissivo. Todavia, da forma como ele é empregado na implantação do LEO, é uma reunião de equipe cuidadosamente preparada e conduzida na qual os membros são estimulados a **liberar a imaginação** — com relação à questão em pauta.

Na verdade, prefiro a palavra que John Kao deu a esse processo: (improvisação).[1] Kao, uma autoridade em inovação, foi empreendedor, professor na Universidade Harvard e produtor de cinema. Contudo, quando adolescente, era um pianista de *jazz* talentoso que adorava fazer improvisações com o grupo, permitindo que a música se desmembrasse para dezenas de direções diferentes, mas sempre em relação a um único tema melódico. Com efeito, é isso o que ocorre na fase de enriquecimento no desdobramento do LEO. Os membros da equipe improvisam ou divagam em sua melodia — isto é, o *design* do problema ou do produto no qual eles estão trabalhando —, repetindo uma série de notas e acordes em uma atmosfera que estimula e acolhe toda e qualquer ideia concebível que se apresente.

> **Os membros da equipe improvisam ou divagam em sua melodia — isto é, no *design* do problema ou do produto no qual eles estão trabalhando —, repetindo uma série de notas e acordes em uma atmosfera que estimula e acolhe toda e qualquer ideia concebível que se apresente.**

---

1 N. de T.: De acordo com John Kao, o *jamming* está relacionado à improvisação colaborativa e tem a ver com o processo de reunir as pessoas para que sejam musicalmente criativas, uma metáfora para compreender a "gramática do processo criativo" aplicada aos negócios e também a outras buscas. Refere-se à capacidade de improvisar criativamente, um fator fundamental que diferencia empresas e equipes bem-sucedidas daquelas que não o são.

A ideia subjacente a isso é que, dentre todas as ideias apresentadas, haverá algumas que vale a pena desenvolver e que, dentre as aquelas que são desenvolvidas, haverá no mínimo uma **ideia vitoriosa**. O fato de tantas ideias serem descartáveis não é considerado um problema, mas uma parte essencial do processo. Para as empresas que vivem de inovação ou morrem com ela, em um processo constante de criação de produtos melhores, mais rápidos e mais baratos, inspirar um fluxo de novas ideias é a estratégia central.

Um excelente exemplo é a HTC, empresa de celulares estabelecida em Taiwan. Em seu centro de inovação denominado Magic Labs, 50 "mágicos" de todas as áreas da empresa — "mágicos químicos" e "mágicos do *software*" — participam de sessões de *brainstorming*. Eles são instruídos a praticar a **"aprendizagem zero"**, expressão utilizada pela empresa — esquecerem de tudo o que conhecem sobre um determinado telefone, por exemplo, e abordá-lo intuitivamente. Em um determinado caso, os improvisadores foram instruídos a refletir sobre como as pessoas, inclusive os bebês, interagem com qualquer objeto no nível mais básico. A ideia do telefone com tela de toque (*touch phone*) surgiu nessa sessão.

A HTC fica satisfeita quando, em um determinado dia, o Magic Labs arquiteta centenas de sugestões descartáveis, desde que dentre elas exista uma ideia nova e valiosa. A noção de que o insucesso frequente é inevitável está embutida no sistema. Todavia, para fazer o sistema funcionar, essa empresa — e qualquer empresa — precisa criar um conjunto de diretrizes básicas incomuns e segui-las. Trata-se das mesmas diretrizes básicas que devem ser seguidas durante a fase de enriquecimento.

Em suas sessões de improvisação, a equipe LEO deve trabalhar de acordo com uma atmosfera mental descontraída e informal. Os integrantes da equipe devem ser estimulados a gerar ideias sem se preocupar com sua praticabilidade — sem tentar averiguar se uma determinada ideia será muito cara em termos de tempo ou dinheiro. Ao longo dessa discussão em que a flutuação ou divagação é livre, toda ideia é respeitada e recebe atenção total; nenhuma ideia e nenhuma pessoa que apresente uma ideia eventualmente tola ou extravagante deve ser ridicularizada. Tal como a HTC constatou, algumas das ideias aparentemente excêntricas desencadearam alguns de seus produtos mais lucrativos. Aliás, os *insights* de valor com frequência surgem no processo de debate de ideias que eventualmente serão descartadas...

**Algumas das ideias aparentemente excêntricas desencadearam alguns de seus produtos mais lucrativos.**

O ambiente físico precisa ser estimulante para dar espaço para a geração de ideias — com cadeiras confortáveis, boa iluminação e ter café e petiscos à mão. Os membros da equipe devem ter material disponível para transmitir suas ideias fisicamente, como blocos de anotações, dispositivos para redação, monitores, lousas e até material de moldagem — por exemplo, argila.

Para dar partida no processo criativo, as equipes podem praticar o pensamento lateral, um tipo de raciocínio que contorna e manobra os obstáculos em torno de uma abordagem direta e passo a passo concernente a um projeto. A associação aleatória de palavras, por exemplo, exige a escolha a esmo de uma palavra ou de um objeto e a correlação dessa palavra com o projeto em que se está trabalhando. Ou você pode se perguntar por que um objeto aleatório existe em sua forma presente e como ele pode ser alterado — essa é uma maneira de sair da rotina mental e pensar de forma inovadora antes de se concentrar novamente na questão em pauta.

## TRIZ

Muitas vezes as equipes da fase de enriquecimento utilizam uma ferramenta mais estruturada, como a ferramenta TRIZ, criada pelo inventor e escritor de ficção científica russo Genrich Altshuller. O acrônimo provém do russo e geralmente é traduzido por **teoria da resolução inventiva de problemas**. Logo no início de sua carreira, Altshuller era examinador de patentes da Marinha soviética. Ao refletir sobre milhares de patentes, ele observou que, em cada caso, um dentre mais ou menos quarenta princípios haviam sido utilizados para resolver contradições inerentes — por exemplo, o fato da asa de um avião precisar ser ao mesmo tempo resistente e leve.

Por meio do método TRIZ, o ponto de partida de uma equipe é definir claramente o problema e então examinar as contradições e os princípios apropriados e necessários para resolvê-lo. Em seguida, a equipe procura exemplos de problemas solucionados que tinham as mesmas contradições de seu problema ou aplicaram os mesmos princípios. A abordagem empregada nesses exemplos é então aplicada no problema que a equipe tem em mãos.

## Avaliação

Assim que essas várias abordagens inspirarem um grupo considerável de conceitos de projeto factíveis — você terá pelo menos em torno de oito —, a equipe de enriquecimento começa a avaliá-los. Com frequência será empregada a matriz Pugh, descrita no Capítulo 5. Basicamente, ela avalia em que medida cada projeto satisfaz as necessidades do cliente, identificadas e registradas na fase de levantamento e até que ponto ele se compara com o projeto de produto atual da empresa.

Mais ou menos no final da fase de enriquecimento, a equipe deve ter um novo projeto que, além de ser significativamente superior ao seu predecessor em termos de qualidade e desempenho, mantém ou diminui os seus custos. Em seguida, o projeto é submetido à fase de otimização, para se fazer um teste de protótipo e refinar e cortar os custos ainda mais.

> **Mais ou menos no final da fase de enriquecimento, a equipe deve ter um novo projeto que, além de ser significativamente superior ao seu predecessor em termos de qualidade e desempenho, mantém ou diminui os seus custos.**

Agora, consideremos um problema enfrentado há alguns anos por uma confeitaria (panificadora) do centro-oeste dos EUA.

ENRIQUECENDO O PRODUTO

## UMA EMPRESA DE PÃES E DOCES É ALVEJADA — POR BOLINHOS ERRANTES

Uma empresa regional de alimentos com base na farinha, que atende a vários Estados, tem três fábricas que datam da década de 1950. Como as demais, a instalação em que se fabricam os bolinhos é limpa, mas não é sofisticada e suas dezenas de funcionários movimentam-se depressa em uniformes verde-claros e rede no cabelo. A confeitaria também ostenta um moderno laboratório de alimentos, um arejado e novíssimo prédio no qual químicos e nutricionistas de alimentos com doutorado controlam os equipamentos de teste mais recentes.

A notícia ruim chegou à fábrica de minibolos ou "bolinhos de xícara" (*cupcakes*) em um relatório enviado pelo laboratório. Amostras de produtos de todas as três fábricas eram avaliadas regularmente com respeito a determinadas características. Constatou-se que a sensação deixada na boca ou a textura dos bolinhos recheados de creme era extremamente inconsistente.

Para determinar a sensação bucal de um bolinho, os equipamentos do laboratório avaliam cada um dos principais estágios de seu processo: paladar, mastigação, deglutição e sabor residual. A textura dessas amostras específicas era diversa e desordenada — algumas normais, outras muito duras ou muito grudentas.

O gerente da fábrica de bolinhos não **pôde** acreditar no relatório do laboratório. Desde o momento em que a fábrica começou a seguir a receita da corporação e obedecer as instruções de processamento convencionais, nunca houve nenhum problema com a textura — e ele sabia que a fábrica estava em terreno firme de uma forma ou de outra. O gerente de produtos confiou no relatório. "Eu não estou interessado em saber como isso aconteceu ou de quem é a culpa", disse ele ao gerente de fábrica. "Eu quero que o problema seja resolvido e quero que isso seja feito agora", completou o gerente de produtos.

Como já era do conhecimento do gerente de fábrica, se fosse para ele encontrar uma solução, seria necessário comprar um equipamento que verificasse constantemente a textura do produto. Mas ele descobriu que levaria oito semanas para o equipamento chegar, um tempo de espera muito longo. Em vez disso, ele encaminhou três pessoas de sua equipe ao laboratório, cada uma de um turno, para aprenderem a manusear um antigo equipamento de medição de textura que estava encostado em um canto de sua fábrica, sem uso.

Isso levou três semanas. Naquela altura, dezenas de clientes haviam reclamado de terem comido bolinhos ou muito duros ou muito grudentos. Assim que os inspetores recém-treinados começaram a realizar testes regulares, eles conseguiram identificar e excluir a maioria dos bolinhos fora do padrão, mas por um custo: a quantidade de desperdício (bolinhos inadequados que precisam ser descartados porque não podem ser vendidos) elevou-se de 0,8% para mais de 5%, representando uma perda de quase US$ 10.000 por mês. Isso praticamente liquidava com o lucro da fábrica.

O gerente de fábrica estava sob a mira. Ele foi ordenado a fornecer relatórios diários sobre o andamento do problema ao gerente de produtos, que, por sua vez, havia sido recebido a ordem de divulgar esses relatórios diariamente por telefone ao presidente da empresa. No jogo de culpa que se seguiu, o gerente de fábrica era o "objeto".

## ENRIQUECENDO O PRODUTO

Ele apressou seus principais funcionários a procurar respostas, e ele mesmo dedicou longas horas a essa tarefa. A certa altura, ele entrou em contato com cada fornecedor de matéria-prima para a massa (farinha, bicarbonato de sódio etc.) e e para o recheio (creme, manteiga etc.) e solicitou que eles verificassem esses ingredientes. Isso exigia testes físicos e químicos de amostras aleatórias de seus produtos, o que poderia custar às empresas milhares de dólares. Em torno de 20% dos fornecedores concordaram, 20% deles recusaram e o restante adotou táticas de atraso.

Em todos os cantos da fábrica reinava o caos. Os supervisores de linha estavam tentando encontrar suas próprias soluções, ajustando as configurações de injeção na unidade de recheio ou mudando o tempo de cozimento para cima ou para baixo. Se os inspetores relatassem que havia um lote de bolinhos muito **duros** ou muito **grudentos**, um supervisor poderia resolver mudar as configurações mistura da massa. Era uma "tempestade perfeita"[2] em que testes mal orientados de tentativa e erro não faziam outra coisa senão agravar as coisas. O gerente de fábrica constatou que ele precisava encontra um novo método.

> **Era uma "tempestade perfeita" em que testes mal orientados de tentativa e erro não faziam outra coisa senão agravar as coisas.**

---

2  N. de T.: A expressão "tempestade perfeita" diz respeito a um acontecimento em que uma rara combinação de circunstâncias agrava um problema consideravelmente. Ela é também empregada em referência a um furacão que por acaso atinge a área mais vulnerável de uma região, provocando os piores danos que um furacão de sua magnitude pode causar.

Ele formou uma pequena equipe de pessoas competentes nas quais poderia confiar e que se dedicariam ao problema da sensação bucal em tempo integral, tanto quanto possível. Escolheu Len, o supervisor do primeiro turno, para ser o líder. Alto e em boa forma, Len estava no início dos seus quarenta anos, embora parecesse dez anos mais novo. Era o favorito tanto entre os trabalhadores de linha e a administração e o principal candidato à sucessão do gerente de fábrica.

Os outros dois membros da equipe eram Alan, o supervisor do segundo turno, e Jennifer, supervisora de controle de qualidade. Alan, com quase 30 anos, era formado em engenharia tecnológica em um curso superior de curta duração de uma faculdade pública local e estava cursando o bacharelado em engenharia. Ter instrução superior era **raro** na fábrica, e Alan era um integrante promissor e bem-vindo. Jennifer, que já tinha passado dos 30 anos, não havia ido além do secundário, mas era admirada pelos supervisores de linha porque não apenas identificava problemas de qualidade, mas também procurava uma forma eficaz de resolvê-los. Tal como eles diziam, ela era mais inteligente do que seu trabalho exigia.

A fabricação de minibolos não tem lá tantos mistérios. Os ingredientes são misturados de acordo com a consistência correta em uma imensa câmara e a massa é bombeada através de uma tubulação que se bifurca em vários bocais (*manifold*). A massa é distribuída através dos bocais à medida que três fôrmas paralelas são conduzidas por uma esteira rolante. Cada fôrma pode conter 54 bolinhos.

Essa longa linha de três fôrmas paralelas move-se para um forno, percorrendo mais da metade de um campo de futebol norte-americano, onde permanecem durante 20 min para serem assados e mais 20 min para serem resfriados. Em seguida, elas são transferidas para uma estação em que 18 moldes abaixam para injetar um recheio cremoso em cada bolinho. As fôrmas são então viradas e os bolinhos são transportados por uma esteira para receberem individualmente um banho de glacê e outras coberturas, como confeitos. Após algum tempo em uma câmara de resfriamento, para firmar o glacê e outros confeitos, os bolinhos estão prontos para serem embalados.

O que é surpreendente, para não dizer misterioso, com relação ao processo é a velocidade e precisão com que a distribuição de massa, a injeção e a cobertura são realizadas — e o imenso volume diário de bolinhos que esse processo possibilita.

Depois da primeira reunião da equipe de três pessoas designada pelo gerente de fábrica, Len pediu aos outros membros para que o acompanhassem ao longo da linha de produção, desde a última operação à primeira, observando cuidadosamente o que estava ocorrendo e conversando com os funcionários. Eles até mesmo enfrentaram o calor da sala que abriga o forno, para verificar se nenhum dos conjuntos de queimadores estava desligado.

Após esse percurso, os integrantes da equipe discutiram sobre qual deveria ser seu primeiro passo, chegando à conclusão de que todas as mudanças nos procedimentos operacionais padrão e nas configurações dos equipamentos deveriam ser canceladas e a fábrica retornar à sua situação normal. Eles precisavam de um ponto de partida bem definido. O gerente de fábrica concordou, e tudo retornou ao normal — exceto a questão da textura dos bolinhos. As variações não desejáveis, da textura dura à grudenta, mantiveram-se.

Em seguida, Len e sua equipe listaram as possíveis causas dessas variações em um *flip chart (painel)*, como método para isolar o ponto problemático ao longo da linha de produção. Eles partiram do item de "turno a turno" — o problema poderia estar restrito a um ou outro dos três turnos da fábrica? Subsequentemente, o item "um lote de massa para outro lote de massa" — será que o problema estava relacionado à composição de um ou outro lote de massa? Esse mesmo método para identificar as variações com precisão seria empregado com relação às fôrmas e aos cabeçotes do alimentador ou dispensador de massa e recheios.

Len imaginou que essa lista poderia ser útil, mas estava bem consciente de que não tinha nenhuma experiência real para lidar com esse tipo específico de dificuldade e não queria desperdiçar o tempo da equipe em uma busca infrutífera. "Gostaria de entrar em contato com Maureen", disse ele aos demais, referindo-se a uma supervisora de turno da fábrica de pães da empresa. "Estou sabendo que ela passou por um programa de gestão que lidava com um problema semelhante a esse. Talvez ela possa vir aqui e nos dar uma mão."

Ao que se revelou, Maureen havia acompanhado em sua fábrica a implantação de um projeto LEO destinado à resolução de problemas urgentes ("extinção de incêndios"). Sua primeira sugestão foi que a equipe elaborasse outra lista. Eles ficaram surpresos com algumas perguntas pontuais que ela fez ao longo do processo: "Existe um operador de turno no misturador de massa? O operador faz intervalos para descanso? Outro operador o substitui durante os intervalos?

A primeira lista preencheu todo o mapa, de um ponto a outro, sem nenhuma ordem ou sequência lógica. O primeiro item da lista de Maureen inspirada no LEO exigia um teste no equipamento de mensuração utilizado nos bolinhos individuais. Em seguida, a lista mostrava passos gradativos da investigação de variações que partia do micro para o macro: entre os bolinhos que se encontravam na mesma fileira em uma determinada fôrma, entre as fileiras nas três fôrmas paralelas na esteira rolante, e assim por diante, até o momento da busca por variações entre um turno e outro e, finalmente, de um dia da mesma semana para outra.

A equipe assumiu a lista como um roteiro passo a passo que deveria ser seguido, passando de um nível de coleta de dados ao seguinte até o momento da identificação do local do problema.

> **A equipe assumiu a lista como um roteiro passo a passo que deveria ser seguido, passando de um nível de coleta de dados ao seguinte até o momento da identificação do local do problema.**

O equipamento de mensuração demonstrou-se preciso, e a equipe passou então a comparar os bolinhos, primeiro na mesma fileira e depois entre as fileiras. Eles concluíram ambos os itens da lista testando a textura de amostras coletadas aleatoriamente nas fileiras de cada uma das três fôrmas paralelas e constataram que, dentre 30 bolinhos amostrados para cada um dos três locais das fôrmas, a fôrma da esquerda continha 28 bolinhos **duros**, a fôrma da direita continha 26 bolinhos **grudentos** e a fôrma do meio continha só bolinhos normais.

"Eu sabia", exclamou Alan, o supervisor do segundo turno. "São as diferenças nas zonas de aquecimento do forno. Eu já tenho estado atrás dos responsáveis pela manutenção para calibrar os queimadores toda vez que eles os supervisionam, mas eles nunca fazem isso", resaltou Alan.

Entretanto, Len não tinha tanta certeza disso, e Jennifer propôs uma solução para testar a teoria de Alan — para mudar a posição das fôrmas antes que elas entrassem no forno. Dessa maneira, as fôrmas do centro, em que se encontravam os bolinhos normais do teste anterior, foram mudadas para a esquerda, e as fôrmas da direita com os bolinhos "grudentos" ficaram no centro e as fôrmas com bolinhos "duros" na direita. Se Alan estivesse correto, a mudança das fôrmas não faria nenhuma diferença. **Contudo, essa mudança fez diferença!** Depois que os bolinhos passaram pelo forno nessa primeira tentativa, os da fôrma esquerda estavam **normais**, ao passo que as fôrmas do meio e da direita continham grande número de bolinhos **grudentos** ou **duros**.

**Resultados**

No devido tempo, os principais fatores suspeitos vieram a ser os misturadores e os alimentadores de massa e recheio. A equipe tinha uma pista — a data em que esses problemas começaram a se evidenciar, que naquele momento já fazia três meses. Eles perguntaram a todas as pessoas imagináveis: **"O que teria ocorrido nesse período que pudesse ter desequilibrado o sistema?"**.

Por fim um membro da equipe de manutenção da fábrica lembrou-se de ter recebido um *e-mail* por volta dessa época de um prestador de serviços externo que havia sido contratado pelo engenheiro da fábrica para melhorar o sistema de tubulação entre o misturador de massa e os bocais de distribuição de massa. Esse trabalho havia sido feito durante um feriado em que a fábrica ficaria fechada. Portanto, o pessoal de manutenção não estava diretamente envolvido. Tal como se revelou, as mudanças feitas pelo prestador de serviços na tubulação aumentaram a quantidade de tempo durante o qual a massa era processada, tornando-a mais dura. Na verdade, ele havia recomendado que o tempo de permanência da massa no misturador fosse diminuído para que tudo voltasse ao equilíbrio.

Entretanto, o que o prestador de serviços e o pessoal de manutenção não perceberam foi que as novas mudanças repentinas nos bocais (*manifold*), que retêm os dispensadores, haviam alterado ainda mais a equação. O resultado foram variações mais acentuadas na textura da massa distribuída nas fôrmas de bolinhos.

Depois que os testes foram reproduzidos para que tivessem certeza de estavam no caminho certo, Len apresentou os resultados ao gerente de fábrica. No espaço de uma semana, com a ajuda do prestador de serviços, o sistema de distribuição de massa foi corrigido e o problema da sensação bucal desagradável que há tempo assombrava a fábrica de bolinhos foi resolvido.

## UM FABRICANTE DE BISTURIS PERPLEXO — COM UM *SCANNER*

Um fabricante mexicano de equipamentos cirúrgicos — bisturis, fórceps, pinças e coisas semelhantes — mantinha um depósito de 4.645 $m^2$ em El Paso, no Estado do Texas. As cargas de peças provenientes de fornecedores dos EUA eram agrupadas no depósito e enviadas para as cinco instalações de montagem da empresa no México.

O depósito costumava ficar muito movimentado, com o trabalho vigoroso e apressado de seus 35 funcionários, quando as cinco plataformas de desembarque dos caminhões ficavam atoladas de veículos dos fornecedores e as cinco plataformas de embarque no outro lado do prédio ficavam congestionadas de caminhões da empresa e motoristas impacientes.

Para aumentar a eficiência, a empresa instalou um sistema eletrônico de gerenciamento de materiais. A automação de um bom sistema manual pode até ter certas desvantagens, mas a automação de um sistema manual ruim pode ser um pesadelo. Um *scanner* de mão portátil lia os códigos de barra em uma caixa descarregada e os inseriam no sistema, onde eram comparados com uma versão eletrônica do pedido de compra dos itens contidos na caixa. No momento dessa comparação, a conta do fornecedor era automaticamente creditada com uma quantia igual ao preço ajustado no pedido de compra.

> **A automação de um bom sistema manual pode até ter certas desvantagens, mas a automação de um sistema manual ruim pode ser um pesadelo.**

## Simples, não?

Alguns meses depois que o novo sistema de escaneamento já estava em funcionamento, os fornecedores começaram a fazer reclamações para o departamento de compras da empresa. Alguns diziam que estavam sendo pagos de forma incorreta pelas peças que haviam enviado; outros diziam que não haviam sido pagos. O representante de compras tentou descobrir o que estava ocorrendo, mas as pessoas do depósito atribuíam toda a **culpa** aos **fornecedores**.

A situação rapidamente tornou-se pior. Os fornecedores começaram a se recusar a enviar as peças enquanto não fossem pagos pelos pedidos anteriores. Isso provocou atrasos na entrega ao depósito, que, por sua vez, provocaram faltas localizadas de peças nas outras instalações no México. As linhas de montagem ficaram paralisadas. Equipamentos e operários ficaram ociosos. E dinheiro foi perdido.

Nos casos extremos, o vice-presidente das operações de montagem ligava pessoalmente para o presidente da empresa fornecedora em questão. As negociações eram conduzidas de forma hostil e normalmente finalizadas com uma transferência de fundos para a conta do fornecedor e a entrega das peças. O vice-presidente acabava sendo levado a acreditar que o presidente da empresa fornecedora era um extorsionário, ao passo que o presidente da empresa fornecedora imaginava que o vice-presidente fosse um aspirante a ladrão.

Era essa a situação quando a alta administração do fabricante de bisturis providenciou uma implantação do LEO. Uma equipe de quatro pessoas foi formada, incluindo um supervisor de depósito e representantes de compras. Eles marcaram imediatamente as entrevistas da fase de levantamento do LEO com as pessoas envolvidas no depósito e nas empresas fornecedoras e descobriram uma série de confusões e desordens:

- Quando as peças eram solicitadas com urgência aos fornecedores, o pedido de compra corria o risco de não ser inserido no sistema de gerenciamento de materiais antes da entrega ao depósito. Isso impedia que o recebimento escaneado fosse inserido apropriadamente no sistema, caso em que **não era feito nenhum pagamento ao fornecedor**. As pessoas que trabalhavam nas plataformas sabiam como criar uma ordem de compra no sistema, mas sempre estavam muito ocupados para fazer isso.

- Quando um representante de compras fazia um pedido verbal ou por *e-mail* ao fornecedor, solicitando que ele acrescentasse peças extras na remessa, esse representante com frequência cometia a falha de **não corrigir o pedido de compra no sistema**. Consequentemente, o fornecedor não recebia o valor correspondente a essas peças extras.

- Quando as plataformas ficavam muito movimentadas, os trabalhadores do depósito algumas vezes costumavam armazenar uma ou outra caixa recebida sem a escanear. Eles simplesmente a marcavam com um sinal para indicar que ela não havia sido escaneada e deixavam a tarefa de escaneamento e inserção no sistema a cargo do pessoal da instalação de fabricação. Contudo, quando o pessoal da fabricação ficava muito ocupado, algumas vezes essas caixas não eram escaneadas e inseridas no sistema.

Dois outros fatores complicavam ainda mais as coisas. A empresa normalmente pagava os fornecedores em 60 dias depois que a entrega era recebida no depósito. Porém, quando as entregas não eram inseridas no sistema logo após o recebimento, esse período de

60 dias podia se estender para três ou quatro meses. Isso deixava o fornecedor financeiramente apertado — e de mau humor.

Além disso, a empresa de equipamentos cirúrgicos era **extremamente lenta** para responder às reclamações de não pagamento. Muitas vezes levava um mês para que a empresa encontrasse um erro, outro mês para autorizar o pagamento e mais algumas semanas para de fato realizar a transferência eletrônica de fundos.

Assim que a equipe LEO se pôs a par dos problemas da empresa, o líder agendou quatro reuniões de duas horas cada. A princípio, os membros pesquisaram soluções possíveis em publicações de negócios, na literatura de gerenciamento, nas melhores práticas do setor e na Internet. Outra reunião foi destinada a uma sessão de *brainstorming*, utilizando os materiais das sessões anteriores e as várias novas ideias geradas pelos membros da equipe. Na reunião seguinte, eles tentaram associar e reduzir as melhores ideias dentre as várias geradas no *brainstorming* a oito soluções de sistemas mais promissoras. E na sessão final, a equipe avaliou esses oito sistemas em uma matriz Pugh, escolhendo os **três melhores** para finalmente chegar ao **melhor dos melhores**.

### Resultados

A proposta da equipe obteve a aprovação dos dirigentes da empresa. Em pouco tempo, a empresa diminuiu o prazo de pagamento aos fornecedores de 60 para 30 dias, e duas pessoas foram enviadas ao depósito de El Paso para ajudar em momentos de pico. Em consequência disso, quase todas as remessas dos fornecedores ao depósito eram imediatamente escaneadas e inseridas no sistema de gerenciamento de materiais.

Além disso, a equipe deu partida em projetos LEO destinados ao fluxo para atualizar as operações no depósito e reestruturar dois processos fundamentais. Trabalhando com a empresa de equipamentos cirúrgicos e cinco de seus principais fornecedores, a equipe diminuiu sensivelmente o tempo necessário para identificar e responder aos problemas de pagamento dos fornecedores. E o processo de resposta da empresa às indagações dos fornecedores sobre falta de pagamento ou um pagamento inferior foi reestruturado e melhorou tanto o **tom das negociações** quanto a **eficiência**.

Depois que o sistema eletrônico de materiais passou a contar com o apoio de processos eficazes no depósito e no departamento de Compras, o relacionamento entre a empresa e seus fornecedores mudou, e o caos nos processos operacionais da empresa desapareceu rapidamente.

> **Depois que o sistema eletrônico de materiais passou a contar com o apoio de processos eficazes no depósito e no departamento de Compras, o relacionamento entre a empresa e seus fornecedores mudou, e o caos nos processos operacionais da empresa desapareceu rapidamente.**

## UMA EMPRESA DE ASSENTOS DE AUTOMÓVEIS EM CONFUSÃO — DEVIDO À TRADIÇÃO

Um desenvolvimento do LEO estava em andamento na empresa de bancos ou assentos nos automóveis e o líder do projeto havia feito ao engenheiro-chefe uma pergunta aparentemente simples. Todos os elementos para um novo projeto de assento estavam estabelecidos, exceto o ajustador, o dispositivo que muda o ângulo de inclinação do mesmo. O líder da equipe LEO havia perguntado: "Será que podemos contar com a ajuda de alguns de nossos funcionários no projeto de enriquecimento do ajustador?".

"Esqueça", respondeu o engenheiro-chefe. "Não temos tempo para desperdiçar. Nós simplesmente vamos tocar adiante o projeto que já temos."

Até certo ponto, essa reação era compreensível. De fato, o método tradicional de examinar alternativas e outras formas de fazer as coisas, na verdade, era lento e frustrante. Um grupo de projetistas ou de engenheiros reunia-se em uma sala e lançava diferentes conceitos, discutindo entre si sobre os méritos de uma ou outra ideia, o que acabava se transformando em uma digressão, derivando a conversa para outros temas. Esse processo, semelhante ao *brainstorming*, acabava sendo **confuso**, **desestruturado** e **infindável**.

> **De fato, método tradicional de examinar alternativas e outras formas de fazer as coisas, na verdade, era lento e frustrante.**

Era isso o que o engenheiro-chefe tinha em mente, e isso não se enquadrava em seu cronograma. O conceito do projeto como um todo para o novo assento precisava ser analisado, assinado, selado e enviado à administração em três semanas.

**Resultados**

O líder da equipe LEO — Jim, como o chamo — garantiu ao engenheiro-chefe que poderia trabalhar de acordo com o cronograma e depois de muita discussão conseguiu obter a assessoria de dois engenheiros durante três horas semanais ao longo das três semanas subsequentes. Em outras palavras, ele obteve um total de **nove horas de tempo de reunião** por engenheiro para investigar as alternativas para o ajustador atual e conceber um projeto aprimorado.

Empregando as ferramentas da fase de enriquecimento, Jim e sua pequena equipe examinaram dois tipos diferentes de ajustador, um projeto com engrenagem dentada e outro com cabo e tambor. Eles foram comparados com base em dezenas de critérios, incluindo segurança em acidentes. Com tempo de sobra para cumprir o cronograma, os membros da equipe desenvolveram um conceito de projeto que oferecia um desempenho bem melhor, por um custo 5% inferior, e ainda por cima diminuía os custos de garantia em 50%.

Não precisamos de muito tempo para encontrar alternativas melhores quando temos ferramentas analíticas adequadas e sabemos utilizá-las. É isso o que ocorre na implantação do método LEO. O engenheiro-chefe a princípio não compreendeu isso, mas agora compreende. O projeto aprimorado do ajustador fez muito sucesso junto à administração.

ENRIQUECENDO O PRODUTO

# FINAL DO JOGO

Para os dirigentes de uma empresa, a fase de enriquecimento requer uma nova mentalidade. Depois que você passar pela fase de levantamento, seus horizontes se abrirão para possibilidades que você ainda não havia vislumbrado. Contudo, encontrar a possibilidade para o presente, a ideia que permitirá que você atinja sua meta imediata, requer uma mudança de mentalidade. Tal como Albert Einstein afirmou: **"Os problemas significativos que enfrentamos não podem ser resolvidos no mesmo nível de pensamento em que estávamos quando os criamos"**.

> **Para os dirigentes de uma empresa, a fase de enriquecimento requer uma nova mentalidade.**

Para extrair o máximo do processo de enriquecimento, você precisa abraçar a mudança e a ideia de que aquilo que você tem no momento e aquilo que você fez até o momento simplesmente não são suficientes. Isso não é tão fácil para qualquer pessoa, especialmente para os executivos cujas mudanças são estudadas, analisadas e criticadas por todas as demais pessoas da organização. Mas uma mensagem significativa é transmitida para todos quando você concorda com uma mudança. Ela é mais ou menos assim: "Nossa empresa precisa ir além do *status quo* e adotar a melhoria contínua como nossa estratégia central. E isso vale para todas as pessoas da empresa — dentre as quais eu me incluo!".

É essa a postura que a implantação do LEO em geral e da fase de enriquecimento em particular exige. **É a mentalidade de qualidade!**

No capítulo subsequente, passamos para o estágio final do método LEO, a fase de otimização. Lá você verá três organizações lutando para levar suas soluções e novos projetos próximos da perfeição com uma mãozinha do LEO — uma empresa de copiadoras, um hospital e um fabricante de pás de hélice para motores *turbofan*.

---

**Revisão — Enriquecimento**

1. **Todos estão em sintonia e falando a mesma língua?** É necessário confirmar se todos os membros da equipe estão em dia com relação ao que foi identificado sobre as necessidades e os desejos dos clientes durante a fase de levantamento e verificar se todos compreenderam a situação atual do problema ou a dificuldade do projeto.

2. **Você está de fato pensando de uma forma anticonvencional?** As melhores soluções não tendem a ser aquelas que você tentou no passado. Para inovar, explore a imaginação de sua equipe por meio de sessões de *brainstorming* que não promovam o jogo de culpa e acolham favoravelmente as novas ideias. Em seguida, utilize as ferramentas analíticas do LEO para transformar essas ideias em realidade.

3. **Você está se conformando com algo que é inferior ao que é melhor?** Estabeleça alvos superiores e não desista do processo de enriquecimento enquanto não obtiver a solução ou o projeto que empolgue seus clientes sem que a empresa fique no negativo.

Capítulo 8

# NÃO FAÇA CONCESSÕES, OTIMIZE!

Seu filho tinha saído de casa para estudar fora e Philip Stanhope, mais conhecido por lorde Chesterfield, estadista britânico do século XVIII, havia enviado ao filho uma série de cartas cuja sagacidade e sabedoria resistiram à prova do tempo. Este é um dos conselhos do lorde de que mais gosto: "Busque a perfeição em tudo, embora na maioria das coisas ela seja inalcançável. Entretanto, aqueles que a buscam, e perseveram, chegarão mais próximo dela do que aqueles cuja indolência e desânimo os fazem desistir e considerá-la inalcançável."

Tal como lorde Chesterfield propõe, existem duas formas básicas de pensar a respeito da **perfeição**. Ou ela é o melhor absoluto que qualquer pessoa ou coisa é ou possivelmente conseguiria ser ou ela é aquilo que mais se aproxima dessa condição em qualquer momento dado. Gerações e gerações de filósofos defenderam que em nenhum mundo perfeito haveria espaço para melhoria.

O LEO está voltado para essa segunda ideia, à meta de melhoria contínua como estratégia corporativa. E nada mais demonstra tão claramente esse objetivo quanto a terceira etapa do LEO, a fase de otimização, que é o tema deste capítulo. Afinal de contas, ela ocorre, cronologicamente, depois que a equipe concebe um método para apagar um incêndio ou uma solução para um problema de fluxo ou um novo projeto de produto. Essencialmente, o que a otimização diz a uma empresa ou organização é: "Parabéns! Vocês progrediram muito. Agora, vamos até o fim e tentemos melhorar ainda mais as coisas."

> **O LEO está voltado para a meta de melhoria contínua como estratégia corporativa.**

Essa postura nem sempre é comum. A tentação de parar após a fase de enriquecimento, de adotar a solução e implantá-la apressadamente, é difícil de resistir. Parece extremamente natural dar um suspiro de alívio assim que se encontra uma forma de eliminar a dificuldade imediata e simplesmente usar um remédio — e esquecer toda a questão. **Por que esperar um segundo sequer? Por que despender mais tempo e dinheiro tentando encontrar uma solução melhor? Porque temer o futuro quando você sente que mal tem tempo, energia e recursos para cuidar do presente?**

As várias respostas a essas perguntas reduzem-se a uma palavra: **qualidade**. Se você deseja gerar produtos ou serviços de alta qualidade, do tipo que de fato encantará seus clientes existentes e atrairá novos, você precisa continuar elevando o nível de qualidade. Você precisa continuar perseguindo a perfeição.

> **Se você deseja gerar produtos ou serviços de alta qualidade, do tipo que de fato encantará seus clientes existentes e atrairá novos, você precisa continuar elevando o nível de qualidade.**

Não existe nada verdadeiramente revolucionário na ideia de melhoria contínua. Trata-se exatamente do que o lorde Chesterfield pregou na década de 1960 e é o que Pat Riley, técnico de basquetebol e proprietário, atualmente, da equipe Miami Heat, sempre pregou ao seu time: **"Excelência é o resultado gradativo da luta contínua por fazer melhor."**

Buscar continuamente a excelência de desempenho é um trabalho árduo e isso certamente se aplica à fase de otimização. Em uma implantação do LEO, os sentimentos óbvios de descoberta e criatividade ocorrem mais no início, quando avançamos e finalmente descobrimos uma solução robusta ou um novo projeto de produto. Contudo, é necessário continuar examinando as questões mais a fundo, com uma perspectiva que sempre desafie o que você criou a princípio.

Quando você chega ao final propriamente dito da fase de otimização e olha para trás, percebe que acabou de concretizar algo notável. As ferramentas do LEO lhe permitiram melhorar consideravelmente seu sucesso inicial — e economizar uma quantia importante para a sua empresa nesse processo.

Esse tipo de resultado não possa ser chamado de perfeição, mas chega muito próximo.

## COMO LIDAR COM ISSO

Eu não sei a seu respeito, mas quando saio de férias gosto que as coisas deem certo. Talvez porque eu tenha mais tempo de ser crítico, mas fico extremamente incomodado com pequenas coisas que não me aborreceriam tanto no curso normal das coisas. O quarto de hotel em um *resort* pode ser confortável e atraente, mas se o chuveiro não funciona adequadamente ou a televisão não é moderna, fico transtornado. Tenho pena do gerente que deseja saber como foi minha estada — **sou capaz de lhe dar uma bronca!**

Lembro-me de ter conversado com o executivo de um *resort* que se colocou da seguinte forma: os hóspedes podem ficar satisfeitos em 90% na sua estadia, mas esses 10% de não tanta satisfação podem arruinar toda a sua experiência. "Sei que isso é um clichê", disse ele, "mas o diabo mora nos detalhes."

Isso é verdadeiro em relação a muitas coisas em nossa vida e certamente é verdadeiro no mundo dos negócios. O novo celular é perfeito — exceto com respeito ao tempo de vida da bateria que é comparativamente curto. O novo serviço de entrega de refeições é ideal — exceto pelo fato de prestar um serviço ruim quando se pede peixe. O novo fornecedor oferece um bom valor, mas seu sistema de comunicação é bem confuso.

As coisas não funcionam — e **funcionam** — em virtude dos motivos mais ínfimos e é por isso que, na fase de otimização do LEO, as soluções e os projetos escolhidos durante a fase de enriquecimento são esmiuçadas em seus detalhes. É nos detalhes que é possível identificar seus pontos fracos. Todo componente é associado e novamente associado para gerar centenas ou mesmo milhares de variações da solução ou do projeto original. As combinações resultantes são analisadas e priorizadas.

> **Na fase de otimização do LEO, as soluções e os projetos escolhidos durante a fase de enriquecimento são esmiuçadas em seus detalhes.**

- **Será que eles funcionarão apropriadamente a despeito dos possíveis inimigos que os aguardam no mundo real?** Você deve se lembrar do exemplo do freio de carro que utilizei no Capítulo 5. Nesse caso, os fatores de ruído, os inimigos, incluíam superaquecimento e uso inapropriado por parte do cliente.

- **Será que eles atenderam às necessidades e aos desejos de seus clientes finais, tal como foi expresso nas entrevistas e observações durante a fase de levantamento?** No exemplo do carro, as necessidades do cliente abrangiam um porta-malas mais fácil de fechar e freios mais silenciosos.

- **Será que eles estarão à altura das metas e limitações da própria empresa?** O novo projeto para o sistema de freio automotivo tinha de estar à altura dos padrões de segurança e, ao mesmo tempo, de acordo com questões relacionadas ao orçamento e à garantia.

Portanto, a fase de otimização de fato exige alguma imaginação da parte dos integrantes da equipe LEO. Eles precisam conseguir projetar sua mente em um contexto futuro no qual a nova solução ou o novo projeto realmente seja posto em vigor. Isso nem sempre é óbvio, especialmente com relação a um produto destinado a um novo mercado-alvo.

No cerne da fase de otimização, contudo, existem ferramentas analíticas de grande eficácia, um componente habitual do sistema LEO. No Capítulo 5 descrevi uma delas em particular — o processo criado por Genichi

Taguchi denominado **otimização robusta**. Esse é um método contrário ao senso comum que desmembra as soluções e os projetos em seus mínimos detalhes e em seguida os reconstrói de uma maneira que eles se tornem mais robustos sem aumentar o custo — e muitas vezes diminuindo o custo.

Mesmo depois que a otimização robusta cumpre sua função e surge uma solução ou um projeto aprimorado, esse projeto ou solução passa por outras avaliações de teste de mercado ou por outros procedimentos de validação. E o LEO defende que só depois desses exames e testes minuciosos é que a solução deve ser posta em vigor ou um novo produto disponibilizado aos clientes.

Sim, o que descrevi aqui — e o que você encontrará nos históricos de caso que se seguem — é bem mais complicado e difícil que o procedimento tradicional. Seria bem mais simples apoderar-se dos resultados da fase de enriquecimento e colocá-los imediatamente para funcionar. Entretanto, quando os efeitos do mundo real começam a ser sentidos, as posturas mudam.

O novo projeto de freio começa a superaquecer depois de 8.000 km e demonstra um desgaste inaceitável após 16.000 km.

Os engenheiros são chamados para corrigir um problema aqui e outro ali — mas esses ajustes criam novos problemas por conta própria. Em vez de empolgar os compradores, o novo sedã os desanima. Ao redor da empresa, ele adquire um apelido que não é mencionado na presença da alta administração: **abacaxi**.

Essa tem sido a história de um número demasiado grande de novos processos e produtos dos EUA. Precisamos mudar nossas abordagens e reconhecer a qualidade como nossa meta universal e diária.

> **Precisamos mudar nossas abordagens e reconhecer a qualidade como nossa meta universal e diária.**

## UMA EMPRESA DE COPIADORAS CONSEGUE SE LIVRAR DE UM ENROSCO

Na época em que o método LEO estava apenas começando a se desdobrar, uma equipe do pessoal técnico de uma empresa de copiadoras reuniu-se para discutir formas de fazer cópias sem que se tenha um problema familiar: **enroscamento de papel**.

"Poderíamos começar pela forma usual medindo a quantidade de enroscamento a cada 100 cópias", propôs um deles.

"Você não verá nenhum enroscamento nesse tipo de máquina", disse outro. "Você precisará examinar a cada 10.000 cópias no mínimo, ou talvez 20.000, se o equipamento tiver um bom alimentador de papel."

"Isso levaria a vida toda", alguém mais ressaltou. "Examinar apenas duas ou três variações de projeto seria o mesmo que examinar 60.000 acionamentos de alimentação."

O líder da equipe fez um sinal negativo com a cabeça. "Não se esqueçam", começou ele, "alguns dos outros problemas operacionais afetam o **enroscamento**. Por exemplo, posso diminuir o número de vezes em que a máquina não alimenta aumentando o número de folhas de papel enviadas por vez."

Um silêncio pessimista abateu-se sobre o grupo.

Então um dos engenheiros, que conhecia a otimização robusta, fez uma sugestão: "Não deveríamos estar avaliando o problema com a máquina, mas, sim, a estabilidade da função da máquina."

"Não compreendo o que isso quer dizer", afirmou o líder.

O engenheiro explicou: qualquer função é uma transferência de energia, um sinal e uma resposta. O projeto ideal de uma função usaria toda essa energia para realizá-la. Portanto, se você conseguir encontrar uma forma de avaliar a função de um produto ou processo, você conseguirá mudar seus elementos a fim de aproximá-lo do projeto ideal — **otimizar sua função**.

---

**Qualquer função é uma transferência de energia, um sinal e uma resposta. O projeto ideal de uma função usaria toda essa energia para realizá-la.**

---

"Tomemos como exemplo o alimentador de papel", continuou o engenheiro. "O que especificamente podemos avaliar com relação à alimentação de papel?".

Devo parar aqui e explicar como o alimentador de papel funciona. A fotocopiadora utilizava um cilindro, coberto por um material de fricção, para mover a folha de papel para a frente. Para dizer a mesma coisa nos termos da otimização robusta, nessa transferência específica de energia, o cilindro oferecia o sinal e a movimentação do papel era a resposta.

Em sua busca por soluções para medir essa movimentação, a equipe começou a falar sobre a movimentação de uma folha de papel na copiadora e a quantidade de energia correspondente. Um dos integrantes fez uma busca no Google da expressão **"leis de movimento"** para atualizar seus conhecimentos sobre física básica. Outro apresentou uma equação, **F = ma**, a força é igual à massa multiplicada pela aceleração. E assim a equipe prosseguiu durante 30 min, enquanto o líder anotava cuidadosamente as várias ideias e equações em um *flip chart*.

Gradativamente, assim que uma folha do *flip chart* foi afixada à parede e outra estava metade cheia, as ideias pararam de surgir.

"Veja, pessoal", disse o líder, "precisamos isolar uma característica mensurável dessa confusão e compreender qual é a finalidade do alimentador de papel."

O engenheiro veio com a resposta: medir o quanto o papel se move para a frente quando o cilindro gira.

O líder meneou a cabeça afirmativamente, mas tinha uma dúvida: "Compreendo que, quando a copiadora não consegue mover o papel no momento em que deveria, a medição é zero. O que não compreendo é como lidar com o caso em que a copiadora move mais de uma folha de papel por vez (alimentação de múltiplas folhas)."

Isso intensificou a discussão, mas por fim a equipe decidiu que, se fosse movida mais de uma folha, o movimento total seria registrado. Em vista do movimento normal de 20 mm, a alimentação concomitante de duas folhas seria vista como um movimento de 40 mm.

Ao tentar otimizar a função do mecanismo de alimentação de papel, os integrantes da equipe descobriram uma forma de medir a resposta ou o resultado, a distância que uma folha de papel percorria através do alimentador. Em seguida, eles começaram a procurar uma maneira de medir o sinal, a rotação do cilindro, que produzia a resposta.

Depois de considerar nove candidatos, eles decidiram se concentrar na assim chamada **rotação angular do cilindro** — a distância que o cilindro gira no processo de mover o papel para a frente. Como os ângulos dos círculos com os quais todos nós nos deparamos nas aulas de geometria, o ângulo de rotação do cilindro pode ser medido em graus.

A equipe estava preparada para representar, no papel, a função ideal do alimentador, a combinação perfeita de mensurações de sinal e resposta — uma resposta vertical em milímetros e um sinal em graus. Essa proporção seria o parâmetro com base no qual qualquer novo projeto de alimentador seria avaliado.

"Ótimo", disse o líder. "Então, para encontrarmos o melhor projeto, precisamos medir a movimentação do papel em diferentes ângulos do cilindro, diferentes níveis de sinal — digamos, 180 graus, 360 graus e 540 graus."

"Exato", concordou o engenheiro, "mas precisamos também considerar os fatores de ruído."

Quando os clientes utilizavam as copiadoras, pode ser que usassem papel áspero ou brilhante, leve ou pesado, e a superfície do cilindro talvez poderia ser nova ou estar gasta. Esses elementos não controláveis teriam de ser considerados, visto que as máquinas seriam utilizadas no mudo real, não apenas no laboratório, elas precisariam ser robustas.

Portanto, foram criadas duas categorias de fatores de ruído. Uma abrangia fatores como papel áspero e leve e cilindro com superfície nova ou gasta. Nessa categoria a movimentação do papel seria fácil. Isto é, para uma determinada quantidade de rotações do cilindro, deveria haver maior movimentação do que na outra categoria. Nessa última categoria, os fatores eram papel brilhante e mais pesado e cilindro com superfície gasta. Com papel pesado e escorregadio e cilindro gasto, a tendência é que a movimentação de papel seja menor para a mesma quantidade de rotações do cilindro.

Em seguida, a equipe testou o novo projeto de alimentador de papel em três diferentes ângulos de cilindro: 180, 360 e 540 graus. E em cada um dos ângulos, as duas categorias de ruído foram testadas, uma tendendo a uma movimentação maior e outra a uma movimentação menor.

Quando os resultados foram tabulados, a equipe estava preocupada com a diferença na distância percorrida em cada par de ângulos do cilindro. O mais robusto dentre os três pares seria aquele com a menor distância entre as duas configurações — o que seria menos afetado pelos fatores de ruído.

### Resultados

A técnica para distinguir os bons projetos dos ruins, para separar o joio do trigo, possibilitou que a equipe criasse um alimentador de papel que diminuía os enroscamentos e a alimentação concomitante de múltiplas folhas em mais de 70% sem nenhum aumento de custo.

Na verdade, o **método de Taguchi** em pouco tempo deixou de ser aplicado apenas no alimentador de papel e espalhou-se para todos os outros 20 subsistemas de projeto de copiadora. Além disso, ele mudou a arquitetura do *campus* da empresa.

Uma das estruturas mais imponentes do *campus* na época era um prédio do tamanho de um campo de futebol em que as copiadoras e seus componentes eram testados com milhares e algumas vezes centenas de milhares de folhas de papel. Tal como um ex-executivo me descreveu: "Semirreboques levavam o papel para uma das laterais do prédio todos os dias, e grandes transportadores de lixo levavam o papel para os recicladores no outro lado do prédio". Hoje, disse ele, como a empresa utiliza profusamente a otimização robusta, "O prédio desapareceu e tornou-se uma área verde. E nosso presidente gabava-se de que, por causa da otimização robusta, nossos engenheiros podiam avaliar a qualidade de uma copiadora usando duas folhas de papel."

---

**Por causa da otimização robusta, nossos engenheiros podiam avaliar a qualidade de uma copiadora usando duas folhas de papel.**

---

## UM HOSPITAL RESTABELECE UM PROCESSO ENFRAQUECIDO

A administração de um pequeno hospital público estava bem consciente de que as coisas não estavam correndo como deveriam. O desempenho financeiro não era nem bom nem ruim, a **reputação** do hospital junto à comunidade médica era **baixa** e o público em geral era **indiferente**. A administradora incumbiu seu melhor pessoal de identificar áreas operacionais específicas em que fosse possível realizar uma melhoria significativa.

Em uma reunião um mês depois, na sala da diretoria no terceiro andar, os executivos fizeram seus relatos. Havia muitas áreas-alvo com potencial de melhoria para escolher, mas a escolha final foi, em face disso, uma surpresa: **as políticas de contratação do hospital**. Na verdade, isso fazia muito sentido.

As contratações que haviam sido realizadas ao longo do ano anterior incluíam em sua maioria enfermeiros. Em virtude do alto índice anual de rotatividade de 20% entre os enfermeiros, as recolocações eram sempre necessárias. Os departamentos esforçavam-se para se manter financeiramente equilibrados alocando grande quantidade de horas extras, mas de vez em quando a falta de enfermeiros era tamanha que a sala de emergências precisava ser fechada. Novas admissões de pacientes eram perdidas em consequência disso e os resultados financeiros sofriam com isso.

Um projeto LEO foi instaurado. Formou-se uma equipe de cinco pessoas, liderada por um executivo de 35 anos de idade a quem chamarei de Hank. Para iniciar a fase de levantamento, os integrantes da equipe montaram um retrato detalhado do processo de contratação existente, semelhante ao que descreverei em seguida.

O supervisor de linha de frente preenchia um formulário de requisição de um novo funcionário em seu computador e enviava uma cópia impressa pelo malote do hospital ao departamento de Recursos Humanos (RH). Um funcionário do RH analisava o formulário e, se necessário, entrava em contato com o supervisor de linha de frente para averiguar qualquer informação que faltasse. Isso ocorria em 40% do tempo. Em vista da grande carga de trabalho do supervisor, ele levava em média cinco dias úteis para concluir ou corrigir o formulário.

O funcionário do RH passava o formulário preenchido por *e-mail* ao gerente apropriado, ao diretor e à administradora do hospital. Eram necessários em média oito dias úteis para obter todas as aprovações. Hank e seus companheiros de equipe ficaram surpresos ao constatar que em torno de 60% das aprovações eram dadas por assistentes administrativos cujos chefes lhes diziam sem rodeios: **"Não tenho tempo para isso."**

A abertura da vaga era então divulgada aos funcionários do hospital e, depois de um período apropriado, era divulgada publicamente. O pessoal do RH fazia a triagem dos candidatos, enviando informações sobre os candidatos promissores ao supervisor de linha de frente e seu gerente para que as analisassem. Aqueles que estavam à altura das exigências eram entrevistados pelo gerente de RH, o supervisor e o gerente do supervisor. Fazia-se uma oferta aos candidatos finais caso eles passassem em um exame físico. Assim que eles contratados formalmente, participavam de uma sessão de instruções de um dia e então começavam a trabalhar.

Hank e sua equipe coletavam todos os dados disponíveis relacionados com o processo de contratação, desde o momento em que surgia a necessidade de um novo funcionário, em virtude de um pedido de demissão, uma transferência ou algum outro motivo, ao momento em que a nova pessoa apresentava-se para trabalhar. O "tempo de espera", tal como era chamado, era, surpreendentemente, de 80 dias e podia apresentar uma variação de 20 dias para mais ou para menos. Os custos diretos de contratação — localização/recrutamento, contratação e orientação a um candidato — totalizavam US$ 3.100, valor que não incluía pagamento de horas extras ou a utilização de pessoal temporário ou contratado.

O tempo de espera estendeu-se em 16 dias porque cerca de 30% dos candidatos acabavam recusando a eventual oferta de trabalho do hospital. E até três semanas podiam ser acrescentadas ao tempo de espera em decorrência da espera da marcação de um horário para o exame físico; as o processo de orientação não se iniciava enquanto os resultados do exame não saíssem.

O fechamento da sala de emergências por causa da falta de pessoal, concluiu a equipe LEO, havia provocado uma perda de 95 admissões durante o ano anterior — que equivalia a uma receita bruta de mais de US$ 600.000. Quando isso foi somado ao custo direto de contratação de US$ 740.000 e ao custo de horas extras de US$ 235.000, a oportunidade de economia possível elevou-se para mais de US$ 1,5 milhão.

E esses valores monetários deixaram de englobar alguns intangíveis importantes: o efeito negativo da situação de contratação sobre a qualidade dos cuidados aos pacientes e a qualidade do ambiente de trabalho.

O pessoal temporário raramente estava à altura do nível de desempenho da equipe regular e, até mesmo os integrantes da equipe regular, exaustos em virtude tantas horas extras, algumas vezes apresentavam um desempenho inferior na função. O próprio ambiente de trabalho, tal como uma enfermeira afirmou, "não era mais prazeroso". Ela estava sempre trabalhando com pessoal novo — **estranhos** foi a palavra que ela empregou — e um número de horas acima do expediente normal. Além disso, ela estava cansada de ter de ensinar os recém-chegados.

As situações eram bem piores do que os integrantes da equipe haviam suspeitado quando iniciaram fase de levantamento. Quando eles estavam se preparando para iniciar a fase de enriquecimento, Hank os advertiu: "Não será nada fácil, mas temos de encontrar soluções para pôr ordem nessa bagunça."

No espaço de algumas semanas, a equipe desenvolveu uma série de soluções possíveis:

- **Vídeos de treinamento** de 10 min para supervisores de linha de frente sobre como a contratação de um funcionário seria inserida no sistema informatizado interno do hospital. Eles ofereceriam instruções para o preenchimento dos formulários computadorizados de requisição de funcionários. Os supervisores teriam de passar por um teste antes de ter permissão para submeter um formulário.

- **Menus suspensos** seriam acrescentados ao formulário computadorizado para oferecer ao supervisor de linha de frente ajuda em tempo real para preenchê-lo.

- Os supervisores de linha de frente **receberiam os nomes e informações de contato** de pessoas de todos os três turnos para as quais eles poderiam telefonar a fim de solicitar assistência em relação ao formulário.

- Somente o **supervisor de linha de frente** e seu **gerente aprovariam** a requisição do novo funcionário antes de enviá-la ao RH. O diretor e a administradora seriam informados a respeito nas reuniões de equipe semanais.

- Para **diminuir a recusa** entre os candidatos, uma única pessoa do RH acompanharia um candidato por todo o processo de contratação, explicando o procedimento no primeiro encontro, respondendo a qualquer problema que o candidato encontrasse e mantendo-o informado sobre o andamento do processo de uma etapa para outra.

- A **espera** para o **exame físico** seria diminuída para quatro dias acrescentando mais ou menos 20 consultas de 30 min à agenda dos médicos. As orientações seriam dadas nesse período de quatro dias, visto que o número de candidatos que não conseguiam passar no exame era muito pequeno.

Quando a administradora do hospital analisou o mapa da situação futura da equipe LEO, ela ficou impressionada. Do mesmo modo ficou um de seus principais assessores. "Vou começar a ver a exibição desse vídeo assim que voltar para a minha sala", disse ele. A administradora meneou a cabeça. "Não tão depressa", advertiu ela. "O projeto LEO ainda não chegou ao fim. Ainda temos de passar pela fase de **otimização**. Não é mesmo, Hank?"

O líder da equipe concordou, agradecido. Ele compreendia a impaciência em começar a corrigir o falho processo de contratação do hospital, a tentação de iniciar as correções com esses resultados iniciais, mas ele sabia que ainda havia trabalho a ser feito. "A ideia na verdade é sempre nos superarmos", disse ele. "Queremos que nossas soluções aproximem-se o máximo possível da perfeição, e ainda não chegamos lá", complementou Hank.

A equipe LEO reuniu-se várias outras vezes para aprimorar os bons resultados obtidos na primeira fase. Hank os estimulou a repensar cada uma das mudanças no mapa da situação futura. "O que poderia dar errado? O que podemos fazer com relação à causa?" Com o tempo, eles surgiu uma versão revista do mapa, que incluía um item totalmente novo.

Ao longo do projeto, os integrantes da equipe procuraram a contribuição de outros funcionários. Durante uma conversa com Hank, um dos funcionários do RH fez a seguinte proposta: "Por que não divulgamos a vaga interna e externamente ao mesmo tempo? Podemos dar preferência aos candidatos internos, mas podemos economizar muito tempo dessa forma — e a maioria das vagas seria preenchida de qualquer maneira." Isso fez muito sentido para Hank, que desejava que ele mesmo tivesse imaginado isso.

Outros elementos do mapa otimizado:

- Depois de testar os vídeos de treinamento e os menus suspensos com pequenos grupos de supervisores de linha de frente, a equipe fez vários ajustes nas propostas. Em um dos casos, após identificar a frequência com que os supervisores eram interrompidos quando tentavam preencher os formulários de requisição, foram acrescentados ao *software* recursos automáticos de salvamento e marcação de página.

- Para neutralizar a possibilidade de um supervisor não conseguir encontrar a pessoa designada para ajudá-lo nas requisições, um número de celular independente seria oferecido com uma garantia de retorno da ligação em 15 min. Para assegurar que a pessoa de contato fosse capaz de responder às perguntas do supervisor, ela receberia treinamento nessa atribuição. Além disso, uma sala de reunião virtual seria criada para que as três pessoas de contato pudessem trocar ideias sobre como melhorar seu desempenho.

- Visto que algumas vezes os gerentes ficavam inacessíveis durante um dia ou mais para aprovar uma requisição, a equipe estabeleceu um ciclo de aprovação de dois dias, mas providenciou também um método para que as requisições fossem inseridas em uma pasta vermelha com a data de aprovação devida escrita em fonte grande e para que essa pasta fosse colocada em uma estante fora da sala do gerente. Essa mudança foi justificada como uma iniciativa para lembrar o gerente de tomar providências quanto à requisição, mas era também uma forma de possibilitar que ela fosse vista facilmente pelo chefe do gerente.

- Foram criadas descrições de cargo detalhadas para o pessoal do RH, que foi incumbido de acompanhar de perto os candidatos ao longo do processo de recrutamento. Com relação às atribuições da função de RH que eram novas, foi desenvolvido e testado um treinamento *on-line* para garantir que as pessoas desse departamento se tornassem excelentes orientadores no processo de recrutamento.

- Os médicos foram interrogados para verificar se eles estavam de acordo com a agilização da programação dos exames físicos. Vários recusaram, mas havia um número suficiente de médicos favoráveis para que o plano de quatro dias funcionasse.

Quando Hank percebeu que a equipe havia avançado a fase de otimização o máximo possível, ele providenciou para que os integrantes apresentassem e explicassem suas propostas ao pessoal de todas as áreas do hospital. Em vez de simplesmente surpreender as pessoas com uma declaração pública ou em uma reunião formal, a equipe queria preparar o terreno e obter apoio. Além disso, a equipe anotou cuidadosamente as objeções ouvidas e, quando possível, reviu outras vezes o mapa da situação futura.

**Resultados**

Finalmente Hank estava satisfeito e o processo de contratação, agora com novo visual, foi testado com dez candidatos. Os resultados convenceram a administradora de que o projeto deveria ser implantado. Um ano depois, os resultados foram tabulados desta forma:

- O tempo de espera diminuiu de **83 dias**, com uma variação de **20 dias** para cima ou para baixo — para **31 dias**, com uma variação de **5 dias** para cima ou para baixo — uma **melhoria de 62%**.
- O índice de **rotatividade** diminuiu de **20%** para **12%**.
- Os **custos diretos** de contratação tiveram uma **queda** de **US$ 485.000**, enquanto as **economias com hora extra** e funcionários de meio período chegaram a **US$ 107.000**.
- A utilização de leitos teve uma elevação de **50%**, que representou um **ganho** de mais de **US$ 300.000**.

- Os levantamentos junto aos pacientes demonstraram uma elevação na classificação do nível de qualidade dos cuidados prestados, de **3,4** para **4,3** em uma escala de 1 a 5.

- Os levantamentos junto aos funcionários demonstraram uma elevação na classificação do moral, de **2,6** para **3,9** em uma escala de 1 a 5.

A administradora ficou "impressionada", tal como ela mesma afirmou, com o resultado do projeto, especialmente por seu efeito sobre as atitudes dos pacientes e funcionários. Mas a economia total de quase US$ 900.000 também não lhe passou despercebida.

Ela ficou impressionada igualmente com as mudanças na solução proposta entre as fases de enriquecimento e otimização. "Na primeira vez em que me falaram da otimização", disse ela, "imaginei que fosse apenas algo complementar, um polimento nas decisões alcançadas na fase de enriquecimento. Mas essa fase foi demonstrou-se bem mais abrangente do que isso. Não teríamos chegado nem perto desse progresso sem ela."

> **"Na primeira vez em que me falaram da otimização",** disse ela, **"imaginei que fosse apenas algo complementar, um polimento nas decisões alcançadas na fase de enriquecimento. Mas essa fase demonstrou-se bem mais abrangente do que isso. Não teríamos chegado nem perto desse progresso sem ela."**

Uma semana depois que os resultados do período de um ano foram apresentados, a administradora chamou Hank e sua equipe à sua sala. Elas os elogiou pelo sucesso que haviam obtido e pelo cuidado com que haviam abordado todo o processo. A equipe estava saindo da sala, com a face doendo de tanto sorrir, quando então a administradora levantou a mão.

"Só mais uma coisa", disse ela. "Estamos pretendendo conduzir outro projeto LEO em breve, e vocês obviamente são as pessoas certas para fazê-lo funcionar", declarou.

## UM FABRICANTE DE PÁS DE HÉLICE ELEVA SUA VANTAGEM COMPETITIVA

Atualmente, a maioria dos aviões de passageiros precisa de motores *turbofan* e a parte de trás desses motores precisa de várias palhetas de turbina. Obviamente, essas palhetas de turbina devem ser altamente resistentes e capazes de oferecer um desempenho confiável a longo prazo sob condições improváveis de calor (1.094°C) e grande tensão. Ao mesmo tempo, elas devem obedecer a tolerâncias de projeto extremamente rigorosas — elas têm uma geometria muito complexa, bem como canais de resfriamento e bordos de fuga finos.

Para melhorar sua capacidade já bastante comprovada de produzir essas pás de hélice, uma empresa do centro-oeste dos EUA adotou o LEO e a otimização robusta. Tal como as próprias pás de hélice de 13 cm de comprimento, essa otimização sofreu uma guinada especial.

Entretanto, antes de falarmos sobre isso, preciso explicar alguns fatos sobre essas palhetas de turbina. Primeiramente, para produzir esses objetos complexos e de alta tecnologia, a empresa depende de um processo que foi empregado pela primeira vez por volta do ano 400 a.C: "fundição com eliminação de cera". Um modelo de palheta de turbina de cera é confeccionado e coberto por material de pasta fluida de cerâmica que endurece e transforma-se em um molde. A cera é então fundida e extraída do molde, acrescentando-se metal fundido. Quando o molde é aberto, obtém-se uma cópia perfeita em metal do modelo em cera.

Sobre o metal: trata-se de um **superliga**. Tal como qualquer metal, ele tem uma estrutura de grânulos, muito parecida com madeira, e cada grânulo contém em um único cristal de liga. Naturalmente, as palhetas mais resistentes têm um único cristal. É por isso que o limite entre dois cristais é inevitavelmente um elo fraco, que apresenta maior probabilidade de falhar sob pressão.

Os engenheiros da empresa estavam produzindo palhetas cuja porcentagem de cristal único girava em torno de 92% a 95% e eles queriam melhorar isso. Uma equipe do LEO foi formada, e os integrantes conduziram inúmeros experimentos projetados, mudando diferentes aspectos do processo por "cera perdida" e medindo os resultados na porcentagem de cristal único. Os resultados foram decepcionantes. Mesmo quando os experimentos do laboratório demonstravam um resultado de 98%, no momento em que as mudanças eram aplicadas na produção real das palhetas a porcentagem voltava ao nível de 92% a 95%.

O líder da equipe LEO, um engenheiro de meia-idade que estava já trabalhava com as palhetas há uma década, finalmente levou o problema para um grande conhecedor do processo de otimização robusta, que travou com ele um diálogo socrático:

"Por que você está medindo a porcentagem de um cristal único?"

"Porque é isso que gostaríamos de aprimorar", respondeu o líder da equipe.

"Qual é o objetivo ou a função do processo por perda de cera?"

"Criar uma peça de metal que tenha o formato do molde de cera."

"Então você quer medir a dimensão em cera em contraposição à dimensão em metal."

"Eu tentei fazer isso, mas a geometria da palheta de turbina é muito complexa para obtermos medições precisas de sua dimensão."

"Então você quer fabricar uma peça que seja fácil de mensurar."

Foi essa a guinada especial do projeto. E quando o líder falou sobre isso aos integrantes de sua equipe, eles não ficaram impressionados. Que sentido fazia, perguntaram eles, tentar resolver um problema tentando contornar o alvo em vez de acertá-lo em cheio? Em outras palavras, que sentido fazia mensurar outra coisa senão as próprias palhetas de turbina? Diante disso, a equipe conduziu um experimento projetado ainda maior, aumentando ainda mais os valores numéricos do processo de modelação. Isso levou um ano inteiro e gerou o mesmo resultado insatisfatório de 92% a 95%.

**Que sentido fazia, perguntaram eles, tentar resolver um problema tentando contornar o alvo em vez de acertá-lo em cheio?**

Por fim, o líder da equipe insistiu na guinada especial proposta pelo especialista em otimização robusta. No espaço de dois dias de reunião, a equipe projetou uma nova otimização robusta utilizando um modelo em cera com dimensões fáceis de mensurar. Vinte e três valores numéricos para o processo por cera perdida — a composição da cera e pasta fluida de cerâmica, por exemplo —

foram alterados e ampliados para 36 moldes de cera. O efeito das mudanças sobre as 36 peças de metal resultantes foi mensurado ante e depois que elas foram submetidas a uma temperatura de 371°C em uma condição de tensão. As configurações mais robustas foram identificadas e a operação como um todo levou um mês.

## Resultados

A mensuração otimizada da função por cera perdida revelou que 12 configurações de processo precisavam ser alteradas quando as palhetas de turbina fossem de fato fundidas; 11 outras configurações foram mantidas. Quando as novas configurações foram testadas, as palhetas resultantes demonstraram-se duas vezes mais estáveis e mais próximas das dimensões do modelo em cera. E, mais importante, a porcentagem de cristal único subiu para 97%.

"Isso apenas nas peças de teste", comentou um dos engenheiros. "Veremos o que ocorrerá na produção", ele disse.

Tal como se constatou, a porcentagem de cristal único que havia se mantido por tanto tempo entre 92% e 95% elevou-se para 95% a 97% durante a produção. Aprimorar a função do processo que criava a palheta foi a melhor forma e a mais rápida e mais barata de melhorar a qualidade da palheta.

> **Aprimorar a função do processo que criava a palheta foi a melhor forma e a mais rápida e mais barata de melhorar a qualidade da palheta.**

> **Um esforço complementar para atingir um nível de qualidade superior por um custo menor trará benefícios a todos, clientes e funcionários.**

## FINAL DO JOGO

A fase de otimização é literalmente o final do jogo na implantação do LEO. É o momento de você ter certeza, tanto quanto possível, de que você aprimorou sua solução ou produto ou processo o máximo que conseguiu. O que ocorre a essa altura do LEO determinará a amplitude dos benefícios que você obterá. Portanto, você precisa mergulhar de cabeça nisso. Em outras palavras, é o momento de dar tudo de si ao processo. Tal como o dramaturgo grego Eurípedes disse: **"Aquele que luta verá suas metas lutarem por ele de maneira idêntica."**

> **A fase de otimização é literalmente o final do jogo na implantação do LEO.**

Estou ciente de que a otimização robusta pode parecer intrincada e contrária ao senso comum. As empresas norte-americanas têm apresentado lentidão na adoção desse método, embora há anos ele venha sendo amplamente empregado no Japão. Contudo, assim que se compreende o raciocínio básico por trás da otimização robusta, ela faz total sentido.

Estou imaginando uma palheta que é bem diferente daquelas utilizadas nos motores de turbina — **uma palheta de para-brisa**. Tenho certeza de isso aconteceu com você da mesma forma que comigo: você está dirigindo contra uma chuva fina e liga o para-brisa; em vez de os limpadores retirarem a água suavemente, eles fazem barulho ou vibram quando se movimentam no vidro.

Seu primeiro desejo é medir e ajustar a velocidade da palheta, o que normalmente corrigirá o barulho, mas também diminuirá a capacidade da palheta de remover a água do para-brisa. É muito mais eficaz mensurar a função ou o objetivo da palheta, que o leva a medir a capacidade do motor de posicioná-la corretamente. É aí que a melhor solução integral será encontrada, uma solução que corrija o problema imediato sem criar nenhum outro.

No capítulo subsequente, você conhecerá uma implantação que tem uma meta bastante diferente: **a transformação da cultura de uma empresa**.

Para que esse pleno envolvimento com o LEO ocorra, o diretor executivo e os demais integrantes da alta administração tiveram de se comprometer firmemente com o projeto. Quer dizer, compreender e pôr em prática os conceitos do LEO em seu próprio comportamento e assumir um papel ativo e contínuo na promoção desses conceitos em toda a organização. Isso não foi nada fácil, mas tal como o diretor executivo dessa empresa de produtos de consumo constatou, o resultado definitivamente valeu a pena!

---

### Revisão — Otimização

1. **Você está preparado para assumir a perfeição como sua meta?** Se você deseja elevar o nível de qualidade de seus produtos ou processos e elevá-lo cada vez mais, precisa estabelecer um alvo mais alto, tanto para si mesmo quanto para todas as pessoas de sua organização. **A média não é a meta!**

2. **Você está disposto a se preocupar?** Sim, a otimização pode melhorar em grande medida a solução satisfatória que surgiu na fase de enriquecimento, mas os resultados devem ser filtrados adotando-se uma postura de paranoia de proteção. Sempre se pergunte: "O que pode dar errado? Será que isso vai funcionar no mundo real?".

3. **Você preparou sua equipe com relação ao entusiasmo gerado pela fase de otimização?** Explique à equipe por que uma solução satisfatória deve ser tratada como ponto de partida e por que empreender um esforço complementar para atingir um nível de qualidade superior por um custo menor trará benefícios a todos, clientes e funcionários.

Capítulo 9

# UMA IMPLANTAÇÃO COMPLETA E DETERMINADA DO LEO

Em uma noite chuvosa em Manhattan, já em hora avançada, estava jantando com o diretor executivo de uma empresa de produtos de consumo relativamente grande. Ele estava nessa função havia mais ou menos cinco anos, subsequentemente a uma longa carreira na General Electric (GE). Estávamos bebericando um café após a refeição quando ele começou a falar sobre o dilema da administração que ele não via a hora de resolver.

Esse diretor executivo desejava **mudar a cultura** em geral dessa empresa para torná-la mais centrada no cliente, e sabia que o *Seis Sigma* poderia ajudar nesse sentido. Contudo, havia alguns problemas. "Para começar", disse ele, "não sou Jack Welch. Além disso, o nível de conhecimento do meu pessoal simplesmente não é suficiente para eles lidarem com o *Seis Sigma*. Ele é muito complexo."

Por fim, ele me dirigiu uma pergunta: **"Você conhece alguma forma de realizar uma mudança cultural verdadeira e duradoura que não seja tão difícil de abraçá-la, que não seja tão técnica?."**

## Conhecia!

Vários meses depois, eu e o diretor executivo assinamos um contrato para implantar o LEO completamente em sua empresa. Prometemos que a implantação transformaria a cultura corporativa, tendo em vista o apoio total dele e de seus principais assessores a esse projeto. Prometemos também que, com base em nossos estudos sobre desempenho das instalações fabris, a organização obteria uma economia de pelo menos US$ 85 milhões no espaço de 18 meses.

Este capítulo conta a história dessa implantação completa do LEO. Por acaso, essa empresa operava 12 fábricas com 20.000 funcionários ao todo. Entretanto, como ressaltei antes, uma das coisas mais importantes com relação ao método LEO é exatamente isto: ele pode ser adaptado às necessidades e às circunstâncias de praticamente qualquer empresa seja qual for o seu porte, seja ela de produtos ou serviços, com fins lucrativos ou sem fins lucrativos. O LEO pode ser utilizado como uma implantação completa para toda a organização ou de forma específica para lidar com único problema — ou algo entre esses dois extremos. E ele foi concebido para ajudar os dirigentes de uma empresa a atingir suas metas e, ao mesmo tempo, elevar o valor para os acionistas por meio da redução de custos, aumentar as receitas e elevar a lucratividade.

> **O método LEO pode ser adaptado às necessidades e às circunstâncias de praticamente qualquer empresa seja qual for o seu porte.**

Nessa primeira conversa com o diretor executivo, perguntei-lhe se ele estava disposto a aprender o método LEO e conduzir pessoalmente a implantação. "Espere um minuto", respondeu ele. "Como vou encontrar tempo para estudar tudo isso, ainda que eu consiga compreendê-lo? E, de qualquer forma, esse é um trabalho para o meu vice-presidente de desenvolvimento." Garanti a ele que o LEO não era sânscrito, que ele poderia dominar facilmente os princípios básicos.

Além disso, relacionei também os quatro aspectos fundamentais – os 4 Cs – de uma implantação completa do LEO pelos quais ele e seus principais executivos seriam responsáveis:

1º) **Comprometimento** — Ser um participante ativo e bem informado na etapa de planejamento, defender com veemência o método LEO e participar da implantação propriamente dita do LEO.

2º) **Consistência** — Monitorar de perto o andamento da implantação para garantir que suas metas e procedimentos estão sendo honrados — e que os recursos de pessoal e financeiros sejam disponibilizado quando houver necessidade.

3º) **Competência** — Averiguar se os programas de treinamento, inclusive os projetos específicos do LEO, estão desenvolvendo líderes capazes de manter o sistema LEO após a implantação. Criar uma atmosfera de confiança e paciência durante a implantação.

4º) **Comunicação** — Utilizar todos os meios disponíveis, como Intranet, reuniões públicas, visitas pessoais ao local de trabalho, para expressar seu comprometimento com o LEO e informar sobre o andamento da implantação. Promover a comunicação bidirecional para obter *feedback*, bom ou ruim, sobre a implantação.

Compreensivelmente, o diretor executivo achou inicialmente que essa era uma tarefa um tanto quanto grande para ser assumida. Entretanto, à medida que ele foi conhecendo o LEO e sua implantação, mais factível o método lhe pareceu. O LEO não exigiria mais que 5% seu tempo, as interrupções nas operações das fábricas seriam mínimas e grandes economias financeiras ocorreriam em um momento favorável, tendo em vista a recessão. E foi assim que ele resolveu assumir o risco.

Tal como Ray Kroc, líder do McDonald's durante sua marcha pelo globo, ressaltou tão sabiamente, **"A qualidade de um líder está refletida nos padrões que ele estabelece para si mesmo."**

## PREPARANDO O TERRENO

A esta altura, a primeira etapa, do mesmo modo que em qualquer implantação completa do LEO, foi criar uma infraestrutura em cada uma das 12 fábricas, processo que exigiu três semanas. Para preparar o terreno, foi formada uma equipe de cinco pessoas na matriz, três das quais da empresa do cliente e duas da nossa.

As da empresa do cliente, funcionários de longa data já chegando aos 50 anos, estavam preparadas para se esforçar e conheciam muito bem a organização. Suas funções normais eram em finanças, melhoria contínua e operações. Como diretores seniores, eles tinham respaldo suficiente, tanto que não precisavam convocar dez pessoas para tomarem uma decisão. Quando trabalhamos em uma grande organização, sempre temos de temer se nossos parceiros se comportarão como se um executivo avarento os estivesse constantemente olhando com o rabo dos olhos. Nesse caso, esse não era tanto um problema.

Nossos dois integrantes já eram veteranos no LEO, ambos com mais de dez implantações concluídas. Um deles, com 37 anos de idade, era formado em engenharia industrial. O outro, com quase 50 anos, era formado em engenharia elétrica e computação.

Para começar, a equipe redigiu a declaração de missão, um **procedimento operacional padrão** (POP) para as implantações do LEO. Dentre outras coisas, havia a promessa de "estimular uma cultura sustentável de melhoria contínua" e munir os funcionários "das habilidades e ferramentas necessárias para obter economias de custo anualmente e, ao mesmo tempo, gerar um canal de oportunidades futuras de melhoria." O montante de US$ 85 milhões em economia foi destacadamente exibido.

Entretanto, mais importante do que a linguagem específica da declaração de missão, foram as assinaturas dos principais executivos da empresa no documento. Quando o diretor executivo solicitou a implantação, deixou claro aos membros da equipe executiva que ele queria que o projeto contasse com o apoio ativo deles. Essa mensagem foi passada adiante para todas as pessoas da organização. Contudo, ao assinarem a declaração de missão, ele e a equipe executiva estavam assinando um protocolo, por assim dizer — e esse protocolo tornou-se parte da implantação. Ele foi mostrado no jornal interno da empresa, na Intranet e no início de todo curso de treinamento.

**Por quê?** Porque nenhuma implantação terá sucesso se o quadro de executivos não a apoiar ativamente e diariamente. E isso vale para qualquer canto da empresa. O LEO não se destina apenas a engenheiros — ele também precisa do respaldo dos vice-presidentes de contabilidade e *marketing* e dos setores jurídico e financeiro. Se uma organização quiser se beneficiar verdadeiramente de uma implantação integral do LEO, o comprometimento com a qualidade e a melhoria contínua deve ser firmado primeiramente no alto escalão. É para o alto que todas as outras pessoas da organização olham quando procuram liderança. Se as pessoas acreditarem que a implantação é apenas outro POP para satisfazer a diretoria ou uma iniciativa do diretor executivo para disfarçar um quarto trimestre fraco, elas não se envolverão totalmente e a iniciativa de implantação do LEO fracassará.

> **Nenhuma implantação terá sucesso se o quadro de executivos não a apoiar ativamente e diariamente.**

A atribuição seguinte da equipe de cinco era introduzir uma estrutura de comando para a implantação, que incluísse tanto os indivíduos que desempenhariam papel de liderança quanto os membros das equipes de projeto. Para a implantação como um todo, o respectivo gestor principal foi o próprio diretor executivo da empresa, ao passo que os gerentes de fábrica das várias instalações funcionaram como diretores executivos de sua implementação.

O chefe da empresa era um executivo sensato que não estava interessado em perder tempo ou procurar evasivas. Sua frase favorita era: **"Diga-me tal como de fato é."** Ele era o principal comunicador e defensor da implantação — frequentava as sessões de treinamento, fornecia recursos quando necessário e removia os obstáculos. Além disso, ele monitorava o andamento do programa, não somente de sua mesa, mas também fazendo visitas ocasionais às áreas em que o LEO estava sendo ensinado e praticado.

Toda implantação necessita de um **"mordomo"**, alguém de alta posição na matriz que ofereça respaldo ao diretor executivo, dedicando mais ou menos 10% de seu tempo diariamente à monitoração e promoção do programa e à resolução de problemas. Chamemos essa pessoa de **líder da implantação**.

Nesse caso, o líder era um vice-presidente de operações, um indivíduo do tipo que assume o controle, formado em administração de empresas. Ele lidava com os problemas que não podiam ser resolvidos na própria fábrica, ficava de olho no andamento diário e conduzia encontros de visão geral nas quais os funcionários que não estavam envolvidos diretamente com a implantação eram informados sobre o que se tratava tudo aquilo. Os participantes saíam com uma opinião positiva sobre o programa. Quando as equipes de projeto estavam examinando um determinado equipamento, os funcionários perto dali costumavam se aproximar. "Vocês são o pessoal do LEO?", perguntavam. "Quer saber por que esse equipamento parou de funcionar uma hora atrás?", caçoaram.

Em seguida, a equipe de cinco precisava encarregar-se da seleção dos líderes de projeto, uma média de 40 por fábrica. Cada um deles assumiria um projeto, como parte de seu treinamento no LEO, para melhorar a eficiência de um processo específico. Os líderes de projeto tinham de ser gerentes de linha, responsáveis por recursos de produção significativos, com insígnias suficientes para tomar decisões rapidamente e por conta própria. Ao mesmo tempo, a equipe de implantação estava procurando pessoas que tivessem paixão pelo trabalho e fossem líderes naturais e de cabeça aberta.

Foi por isso que Paul, como o chamarei, foi escolhido. Ele era alto e, aos 47 anos de idade, ainda conseguia levantar bem seus 90 kg e deslocar-se agilmente por toda a fábrica. Era formado em Educação, mas acabaria gerenciando uma linha de produção na principal fábrica da empresa. Ele não tinha nenhuma insígnia na manga, mas era um líder, um indivíduo a quem as pessoas ouviam, embora a princípio ele não estivesse nos ouvindo.

Além dos líderes de projeto, em torno de 70 pessoas em cada fábrica precisavam ser escolhidas para integrarem as equipes de projeto. Eram pessoas da linha de frente que haviam demonstrado inteligência e habilidade.

Finalmente, um plano de trabalho global precisava ser implantado, que abrangia:

- Uma lista das iniciativas existentes ou programas da empresa, para garantir que não havia nenhuma duplicação ou conflito com as atividades do LEO.

- Um cronograma para as sessões de treinamento específicas para executivos, líderes de equipe, das equipes e a empresa como um todo.

- Um processo para acompanhar os inúmeros projetos LEO. Isso incluía propostas de projeto, aprovações, relatórios de andamento, términos e benefícios financeiros, melhorias de processo e mudança cultural.

- Um esquema para divulgar as notícias sobre o LEO e estímulos aos participantes da implantação.

A equipe de cinco iniciou seus trabalhos de infraestrutura com base em um plano de implantação genérico do LEO, mas obviamente esse plano foi aperfeiçoado e reformulado inúmeras vezes, como de hábito, para lidar com o pessoal e as circunstâncias específicas da empresa.

Ao criar o plano de trabalho, a equipe de implantação nunca se esqueceu de um aspecto vital da implantação do LEO: a **concentração de benefícios na fase inicial**. As mídias sempre dão muito valor aos 100 primeiros dias de uma presidência, porque é nesse período que o presidente recém-eleito dos EUA (ou qualquer outro país...) tem seu maior ímpeto. Uma implantação, de igual modo, precisa ganhar ímpeto logo nos primeiros meses para que possa deixar sua marca.

**Uma implantação precisa ganhar ímpeto logo nos primeiros meses para que possa deixar sua marca.**

Toda vez em que você introduz um novo programa em uma organização, haverá alguma resistência. A menos que essa negatividade seja rapidamente cortada pela raiz, a resistência pode se espalhar como erva daninha e ameaçar todo o programa. Além disso, o apoio e a participação do diretor executivo e de seus principais executivos são maiores no início e tendem a diminuir gradualmente.

Mais ou menos no final da terceira semana, a infraestrutura da implantação já estava em vigor. Havia chegado o momento de começar a encontrar projetos para cada uma das 12 fábricas da empresa. Isso levaria dois meses.

## ESQUENTANDO OS MOTORES

Para trazer à tona todas essas ideias de projetos LEO, os integrantes da equipe de cinco começaram a trabalhar ativamente, utilizando a fase de levantamento do LEO. Eles e seus equivalentes em cada uma das fábricas refletiram sobre os dados de desempenho, analisando a quantidade de refugo, inatividade, horas extras, relatórios sobre perdas e outras variações negativas em relação à norma. Eles saíam do escritório para visitar os funcionários de linha em outros escritórios e no chão-de-fábrica e conversar com as pessoas que de fato conduziam os processos.

O objetivo deles não era provocar alvoroço. A meta era desenvolver projetos que eliminassem o desperdício, mas o escopo de cada projeto foi cuidadosamente determinado. Se não fosse uma melhoria significativa, não faria nenhum sentido persegui-la, e a pessoa à frente do projeto ficaria desinteressada, se não entediada, e disposta a estropiá-lo. Se o escopo fosse muito amplo, a iniciativa extremamente desafiadora, era também provável que o projeto fracassasse. Em outras palavras, a meta não era reinventar o lugar, mas na verdade integrar na organização os métodos do LEO de economia de desperdício centrados no cliente.

> **A meta não era reinventar o lugar, mas na verdade integrar na organização os métodos do LEO de economia de desperdício centrados no cliente.**

À medida que as oportunidades de projeto eram identificadas, os detalhes eram registrados em um formulário padrão, que incluía a descrição sobre o projeto e seu escopo, os objetivos com relação ao processo específico e um valor em dólares (reais) representativo da economia de custo. Embora o aspecto financeiro fosse importante, a ênfase recaiu mais sobre a obtenção de uma maior eficiência em cada projeto. Uma preocupação exagerada com o aspecto financeiro leva as pessoas a procurar atalhos e gera um desempenho inferior. Os projetos de alta qualidade elevam o desempenho, que é o caminho mais adequado e mais infalível para ter clientes satisfeitos e sucesso financeiro.

A esta altura, talvez você esteja perguntando por que era necessário desenvolver tantas ideias de projeto antes de iniciar o treinamento do pessoal da empresa no método LEO. **Não teria feito mais sentido treiná-los e então trabalhar com eles para encontrar projetos apropriados na área de trabalho específica de cada um?**

Boa pergunta. A resposta: como eles tiveram alguns dias para se familiarizar com seu futuro projeto, isso lhes deu um motivo concreto para frequentar os cursos de treinamento. Em vez de ser uma experiência abstrata — apenas outro cara na posição de comando tagarelando para eles, dizendo-lhes o que fazer —, eles reconheceram que as aulas os ajudariam a se preparar para concretizar o projeto.

Esses projetos iniciais também foram uma forma de esquentar os motores. Assim que os líderes de projeto começaram a trabalhar com o LEO em seus projetos, inevitavelmente eles enxergaram outros projetos que valia a pena realizar. O funil de projetos começou a ser preenchido com novas propostas para economizar dinheiro. Como em toda implantação integral, esse é o objetivo mais amplo. O diretor executivo dessa empresa almejava uma economia de US$ 85 milhões, com certeza, mas ele também queria ver o método LEO ser adotado em toda a organização.

Não obstante o prazo final e o grande número de projetos necessários, cada um dos projetos propostos era submetido a um cuidadoso processo de validação, que incluiu uma análise por parte dos "mágicos financeiros" para se ter certeza de que as economias financeiras previstas eram cabíveis.

## REUNIÕES EXECUTIVAS

No momento em que a equipe de cinco estava preparada para iniciar o processo de treinamento real na fábrica principal, os funcionários da empresa já estavam bastante cientes de que algo importante estava sendo armado. O processo global de seleção dos líderes de projeto e das equipes e de busca nas 12 fábricas por projetos que pudessem esquentar os motores provocaram entusiasmo e agitação junto a todos.

Obviamente, o primeiro funcionário que havia se informado a respeito do método LEO foi o diretor executivo. Ele naturalmente quis saber o que poderíamos fazer por ele. Isso significava que teríamos de nos familiarizar com as operações da empresa, o que incluía as áreas com problema. Quando ele ouviu nossas recomendações, quis saber precisamente **como** o LEO funcionava. Finalmente, ele se preparou para se comprometer e garantir o comprometimento de sua organização para com uma implantação completa.

Esse comprometimento pessoal é essencial para o sucesso de qualquer implantação total do LEO. Se o líder está por trás de alguma coisa e demonstra constantemente e veementemente esse apoio, suas tropas seguirão o exemplo. Isso simplesmente faz parte da natureza humana. Todos nós começamos a vida tentando satisfazer nossos pais, e maioria de nós acaba trabalhando em organizações em que tentamos satisfazer o chefe. Olhamos para os líderes à procura de pistas sobre como devemos nos comportar. Se o diretor executivo diz que se deve apoiar a implantação do LEO, o programa permanecerá no caminho certo.

> **O comprometimento pessoal é essencial para o sucesso de qualquer implantação total do LEO.**

Mas para o programa permanecer no caminho certo, o diretor executivo deve levar adiante seu comprometimento. Ele deve-se manter informado sobre o programa, frequentar as reuniões sobre o andamento do mesmo, questionar e contestar seus assessores e pessoalmente fazer sua presença ser sentida nas várias fábricas da empresa. Para que ele possa cumprir esse papel, ele deve compreender com clareza total o método LEO.

Com muita frequência, os diretores executivos acabam se convencendo de que conseguem improvisar e fazem de conta que sabem tudo sobre os principais aspectos de sua organização. Eles presidem reuniões dedicadas a questões relacionados ao *marketing* ou à engenharia, ouvem e fazem perguntas confiantemente e exigem maior eficiência — enquanto seus executivos trocam olhares de gracejo ou de constrangimento porque o chefe está fazendo as perguntas erradas ou comentários desinformados. Quando isso ocorre, a organização padece. Os executivos perdem a confiança na liderança do diretor executivo. Eles saem dessas reuniões sem uma orientação clara sobre como lidar com os problemas que foram levantados. E eles não ficam tão preocupados em demonstrar resultados na reunião seguinte com o diretor executivo.

Por esses mesmos motivos, se um diretor executivo não estiver disposto a investir o tempo e energia necessários para compreender o LEO, não conseguirá conduzir eficazmente uma implantação integral desse método. Se ele não se importar suficientemente com o LEO, para se tornar competente a seu respeito, por que seus principais assessores devem se incomodar em fazê-lo? E esse é um golpe mortal para qualquer implantação em profundidade. É por isso que não damos prosseguimento a uma implantação se o principal dirigente da empresa não compreender verdadeiramente o método LEO.

> **Se o diretor executivo não estiver disposto a investir o tempo e energia necessários para compreender o LEO, não conseguirá conduzir eficazmente uma implantação integral desse método.**

As implantações também dependem do comprometimento dos assessores do diretor executivo, dos altos executivos da empresa. Havia em torno de 50 executivos desse nível, incluindo os gerentes dessas 12 fábricas, em uma sessão de *workshop* (oficina) interativo de um dia na matriz da empresa de produtos de consumo.

O líder da sessão deu início à programação com uma pergunta: "Se eu tivesse um processo que fizesse 100 peças por dia e 90 delas fossem boas e 10 ruins, eu deveria me livrar do equipamento?." Praticamente todos os executivos disseram **não**. O líder repetiu sua pergunta várias vezes, diminuindo gradativamente o número de peças boas e aos poucos uma quantidade cada vez maior de ouvintes votava para que o equipamento fosse abandonado. Finalmente, quando o processo produzia apenas uma peça boa, todos na sala estavam dispostos a se livrar do equipamento.

"Essa é a resposta errada", disse-lhes o líder. "Eu os conduzi ao erro. A resposta do LEO é, se um processo é capaz de produzir uma única peça boa, nosso dever é identificar por que ele não está fazendo isso de forma consistente. É isso o que podemos fazer com as ferramentas do LEO."

Embora estivesse havendo muita troca e concessões mútuas durante o *workshop*, o líder teve cuidado para não ofender ninguém. Ele queria envolver os executivos para que eles compreendessem os princípios fundamentais do LEO, mas também não queria constranger ninguém. Ele precisava dessas pessoas do seu lado durante a implantação.

## A comunicação é fundamental

As perguntas difíceis foram guardadas para mais tarde, em reuniões individuais com os altos executivos a cada duas semanas ou algo parecido. Durante essas reuniões, sem mais ninguém na sala, o treinamento do LEO poderia ser mais direto. Um dos aspectos do LEO com os quais os executivos algumas vezes encontram dificuldade é **ouvir**: **observar** e **compreender**.

Lembro-me de ter participado de uma reunião de equipe com um vice-presidente sênior durante outra implantação. Ele trouxe uma questão à baila e eu conseguia dizer com base na linguagem corporal que inúmeras pessoas que estavam na sala discordavam de sua opinião, mas elas não disseram uma palavra sequer. Posteriormente, conversei com ele sobre o que eu havia notado. Ele ficou surpreso e, depois disso, passou a circular pela sala durante as reuniões, estimulando reações às suas ideias. **Eu ouvi e ele aprendeu!**

As reuniões com o diretor executivo e seus assessores seniores enfatizaram como eles poderiam demonstrar seu apoio à implantação e transmitir as informações sobre seu andamento. Essa comunicação é essencial para o sucesso da implantação. Ela pode ser realizada por meio de todos os canais usuais, como boletins informativos e cartazes, mas os executivos foram estimulados a integrar a implantação do LEO à sua vida profissional diária — discutindo os últimos acontecimentos ou elogiando uma iniciativa do LEO em particular em todas as reuniões de equipe e programando visitas regulares às aulas sobre o LEO ou a uma sessão de revisão de projeto.

> **A comunicação é essencial para o sucesso da implantação. Ela pode ser realizada por meio de todos os canais usuais, como boletins informativos e cartazes, mas os executivos foram estimulados a integrar a implantação do LEO à sua vida profissional diária.**

Alguns executivos na verdade buscam realizar projetos próprios. Essa é de longe a melhor maneira de compreender como o LEO funciona.

Em uma das fábricas da empresa, por exemplo, o diretor financeiro empreendeu um projeto para revelar um mistério: havia uma discrepância significativa entre o número de itens relacionados no estoque e o número identificado nas auditorias físicas. Por acaso, ele era o tipo de pessoa que preferia trabalhar com papéis com a porta da sala fechada, que tinha dificuldade de olhar as pessoas nos olhos. Inevitavelmente, ele se tornou mais sociável e expansivo no decorrer do projeto, em particular porque precisava conversar com inúmeras pessoas na fase de levantamento. Assim que ele concluiu o projeto, tornou-se um dos maiores incentivadores do LEO.

## TREINAMENTO BÁSICO

O tempo de treinamento dos líderes de projeto variará de uma implantação para outra, dependendo das circunstâncias específicas da empresa. Na fábrica principal, o treinamento durou cinco dias, e quatro dias já era demais para Paul, o principal são Tomé dentre os gerentes de operações e supervisores de linha que participaram das aulas. Ele considerava o LEO apenas outro exercício de gerenciamento sem sentido — "um modismo passageiro" era o que ele dizia.

## Líderes de projeto

Em torno de 40 pessoas de cada fábrica com o tempo passaram por treinamento em liderança de projeto. Geralmente, as aulas continham oito ou dez alunos de uma ou mais fábricas. O total de inscrições de todas as fábricas correspondia a 35% dos funcionários isentos da empresa.

Para dar crédito a Paul, ele comparecia pontualmente em todas as aulas e permanecia até o fim, por assim dizer, embora logo no início tenha se comportado como se estivesse nos fazendo um favor. Um ou dois outros treinandos da fábrica principal não foram tão complacentes; eles simplesmente não compareceram no segundo dia, supondo que conseguiriam sobreviver a qualquer dificuldade que sobreviesse, defendendo que eles tinham "coisas mais importantes" para fazer. O líder do treinamento entrou em contato com o gerente de fábrica; depois de informá-los sobre a lei de tumultos, eles voltaram para a aula no dia seguinte com uma atitude diferente.

A atmosfera nos *workshops* para os líderes de projeto era bem mais animada e informal em comparação com as reuniões executivas e o nível de detalhamento com relação aos princípios e às ferramentas do LEO era também bem maior. Nesse caso, não havia nenhum problema quanto à possibilidade de desagradar alguém.

A todos os alunos foi designado um projeto, e eles estavam motivados a descobrir de que forma deveriam concluí-lo de acordo com o método LEO. Se isso significasse enfrentar a dificuldade de absorver novos conceitos e novas maneiras de olhar para os problemas, tudo bem. E no final de cada aula o líder era inundado de perguntas sobre os projetos específicos dos alunos. Ele lhes garantiu que haveria um veterano no LEO para orientá-los no início de seus primeiros projetos — não do lado de fora, mas com eles em campo.

Para muitas pessoas, envolver-se totalmente com o LEO é semelhante a aprender a andar de bicicleta. Você tenta várias vezes se equilibrar — e, então, de repente, alguma coisa se encaixa, e depois disso você nunca mais esquece.

"Quando temos um problema, normalmente refletimos por algum tempo e tentamos conjecturar, com base nos fatos, de que forma podemos corrigi-lo", disse o líder da implantação. "Se isso não funcionar, experimentamos alguma outra coisa. E se for um problema simples, isso talvez funcione. Entretanto, a maioria dos problemas não é simples. Com o LEO, não existe conjecturas. Trata-se de um raciocínio totalmente lógico e dedutivo.

> **Com o LEO, não existe conjecturas. Trata-se de um raciocínio totalmente lógico e dedutivo.**

Encare isso da seguinte maneira: se você estiver tentando determinar a quantidade de balas de caramelo em um pote, você pode tentar contar aquelas que você está vendo e fazer uma estimativa que é praticamente certo de que estará errada. Contudo, se você determinar o volume do pote e o volume de uma única bala, conseguirá chegar muito mais perto.

De vez em quando surgirá alguém que compreenderá o LEO quase que intuitivamente e dispensará qualquer tipo de orientação. Lembro-me de um gerente de fábrica que, depois de participar de uma sessão de treinamento e ler alguns materiais do LEO, deu o apito de largada para si mesmo, identificou um projeto promissor e empregou as ferramentas do LEO para concluí-lo. Não tínhamos certeza sobre se deveríamos ficar satisfeitos com isso ou ofendidos porque de repente estávamos sendo redundantes.

Todavia, a maioria dos participantes dos *workshops* destinados aos líderes de projeto leva algum tempo para compreender o método LEO. Na fábrica principal da empresa, Paul foi mais rápido do que a maioria nesse aspecto; por volta do terceiro dia do *workshop*, ele já havia superado tantas dúvidas, que já estava propondo novas ideias para projetos futuros. Não demorou muito para que outros alunos começassem a fazer o mesmo.

De vez em quando, em uma ou outra das fábricas da empresa, os *workshops* costumavam receber um visitante inesperado — o diretor executivo. Quando ele aparecia, tudo se interrompia, mas ele sempre insistia para que as aulas prosseguissem. No final da aula, contudo, ele costumava procurar um dos alunos e lhe fazer algumas perguntas. "Você conversou pessoalmente com todos os seus funcionários de linha a respeito do LEO?" era uma das perguntas favoritas. Quando o aluno admitia que não, explicando que estava muito ocupado com seu projeto LEO, o diretor executivo insistia: "Isso não é desculpa. O programa LEO como um todo depende dos líderes de projeto. Estamos contando com vocês."

## Membros das equipes de projetos

As sessões de *workshop* destinadas aos membros das equipes de projetos foram menos intensas do que as várias sessões destinadas aos líderes de projeto. Elas duravam dois dias e eram inteiramente teóricas, visto que os membros das equipes não tinham nenhum projeto próprio. O objetivo era lhes oferecer conhecimentos suficientes sobre o LEO para que pudessem ajudar os líderes — os quais normalmente eram a pessoa a quem eles já se reportavam — em seus projetos.

Porém, dentre os 700 alunos, aproximadamente, muitos se tornaram partidários entusiastas da implantação. Vários perguntaram se seria possível obter permissão para participar do treinamento para se tornar líder de projeto e muitos propuseram projetos LEO aceitáveis na fábrica em que trabalhavam. Uma mulher, que havia frequentado um *workshop* para os integrantes das equipes na fábrica principal, disse ao diretor executivo: "Há anos tive essa ideia para corrigir um processo, mas jamais senti que alguém daria ouvidos. Depois de ver como o LEO transforma as coisas, finalmente me senti à vontade para falar sobre isso." Sua ideia para melhorar um processo de embalagem acabou economizando US$ 400.000 para a empresa.

Durante os três primeiros meses, o vice-presidente, que estava apoiando o diretor executivo como líder da implantação, viajava para cada uma das 12 fábricas da empresa para conduzir encontros de visão geral para todos os funcionários da empresa. Obviamente, eles sabiam que a implantação estava em andamento, mas o objetivo dessa visão geral era lhes apresentar os fatos para neutralizar alguns rumores e fofocas — e também alguns motivos para eles ficarem contentes com a iniciativa. Eles ficavam apreensivos porque projetos de remodelação corporativa anteriores haviam provocado cortes de pessoal e eles ficaram aliviados ao ouvir que o LEO **estava preocupado em cortar o desperdício pela raiz, e não pessoas.**

## NAS TRINCHEIRAS

Com a conclusão da fase de treinamento sobre a implantação, havia chegado o momento de os líderes de projeto darem início às suas atribuições. A liderança da implantação em cada fábrica ficou a postos para orientá-los nos estágios preliminares.

A fábrica principal, Paul já havia voltado à sua função de gerenciar uma linha de produção, apenas uma das sete linhas no imenso prédio *art déco* de meados da década de 1930. A atribuição do LEO era uma atividade a mais em relação à sua carga de trabalho normal. Porém, assim como ocorria para a maioria dos líderes de projeto, o projeto sob sua responsabilidade estava localizado em sua linha de produção. Ele poderia conduzir a fase de levantamento do LEO ali mesmo.

Normalmente, ele escolhia perseguir um projeto por conta própria — corrigir qualquer problema que estivesse provocando um alto índice de rejeição de produtos —, sem a ajuda de nenhuma pessoa que havia passado pelo treinamento destinado aos integrantes das equipes. Outros líderes de projeto com frequência utilizavam um ou dois integrantes para tomar notas ou documentar detalhadamente cada etapa do projeto.

## UMA IMPLANTAÇÃO COMPLETA E DETERMINADA DO LEO

Esses dados eram inseridos no sistema eletrônico interno da empresa. Desde o início da implantação, a documentação de cada etapa era inserida no portal, das primeiras ideias de projeto à implantação real do projeto LEO. Quando um projeto era concluído favoravelmente, essa documentação, bem como a estimativa do líder de projeto sobre o dinheiro economizado, era apresentada ao pessoal do financeiro para aprovação. Nesse meio-tempo, a empresa tinha um histórico completo da implantação para realizar um estudo futuro e buscar identificar erros e melhores práticas.

Durante a fase do projeto e, na verdade, ao longo da implantação como um todo, os gerentes e o pessoal de linha de frente foram estimulados a experimentar novas formas de conduzir seus trabalhos, a propor novas ideias e sugestões. Parte da missão LEO do diretor executivo e de seus principais executivos era estimular o pessoal a assumir de riscos e adotar um pensamento anticonvencional — e garantir que os funcionários não fossem criticados por isso. Os supervisores eram solicitados a exercitar a paciência com os líderes de projeto e os membros das equipes enquanto eles aprendiam o LEO nas aulas e enquanto trabalhavam nos projetos — e com os funcionários em geral, visto que eles deveriam mudar seus hábitos e procedimentos de trabalho por causa do LEO.

**Parte da missão LEO do diretor executivo e de seus principais executivos era estimular o pessoal a assumir riscos e adotar o pensamento anticonvencional — e garantir que os funcionários não fossem criticados por isso.**

Paul conseguiu concluir seu projeto no espaço da algumas semanas e, então, ele nos surpreendeu, perguntando se poderia participar do programa para se tornar um treinador certificado do LEO.

Como mencionei antes, uma das principais metas da empresa na implantação era tornar o LEO parte essencial da cultura corporativa. Para que isso ocorresse e para que a empresa continuasse utilizando o sistema para obter melhoria contínua, seria necessário ter um quadro de pessoal para assumir o controle após a conclusão da implantação inicial. E isso exigiria um nível de instrução e experiência complementar que resultaria na **certificação**.

Para todos aqueles que estão familiarizados com programas como o *Seis Sigma*, a palavra **certificação** leva a crer que serão necessárias longas semanas de dedicação a um conjunto de exigências complexo e desafiador. O processo de certificação do LEO é bem menos pesado, e também flexível, adaptado ao nível individual de conhecimento e habilidade dos candidatos. Basicamente, esse processo exige que os candidatos concluam quatro projetos LEO, dentre os quais no mínimo dois devem ser identificado por eles; demonstrem que o método LEO foi empregado nos quatro; forneçam orientação supervisionada em dois projetos; e ministrem um curso de treinamento para líderes de projeto.

## O PODER DA IMPLANTAÇÃO: A CULTURA CENTRADA NO CLIENTE

Obviamente, o teste de eficácia a longo prazo da implantação do LEO, de sua sustentabilidade, ocorre ao longo de vários anos, e a experiência dessa empresa é muito recente para julgarmos se ela passará nessa prova. Entretanto, havia pelo menos um indício positivo para o futuro: o acordo inicial com a empresa exigia que a implantação fosse finalizada em 18 meses, mas esse prazo foi estendido em mais seis meses a fim de que todas as 12 fábricas tivessem no mínimo um treinador certificado do LEO disponível para dar continuidade às aulas e passar adiante o processo de aprendizagem indefinidamente.

Alguns meses após a conclusão da implantação, encontrei-me novamente com o diretor executivo para jantar, dessa vez em Washington, DC, e não em Manhattan. Ele estava muito comunicativo. Os projetos de implantação haviam superado significativamente a economia prevista de US$ 85 milhões. Além disso, a mentalidade de resolução de problemas do LEO havia sido adotada amplamente, o que garantia que muitos outros milhões de dólares de economia seriam possíveis ao longo dos anos. A mudança para uma cultura centrada no cliente que o diretor executivo buscava estava ocorrendo. **Do meu ponto de vista, e do dele, nossa missão havia sido cumprida!**

Mas parecia que ele ainda não havia finalizado tudo o que queria comigo. "Veja", disse ele, "faço parte da diretoria de uma organização de saúde na cidade em que moro. Você acha que o LEO funcionaria nesse caso?"

**Sim, achava!**

Neste capítulo, concluí minha turnê geral sobre o método LEO enquanto estratégia de **empresarial**, voltada para os negócios. No último capítulo, a seguir, mudarei de foco para considerar as vantagens e os desafios da mentalidade LEO enquanto estratégia **pessoal**. Dentre os indivíduos que conheceremos encontra-se um cirurgião atencioso e um presidente pesaroso.

Capítulo 10

# A MENTALIDADE DE QUALIDADE

No verão de 1989, Melissa Poe, de 9 anos de idade, e sua mãe estavam assistindo a uma reprise de O Homem que Veio do Céu enquanto dobravam as roupas lavadas em casa, em Nashville, no Estado do Tennessee. O episódio apresentava um anjo que advertia que as pessoas morreriam se não fosse tomada alguma providência com relação à poluição atmosférica e da água na Terra. Melissa ficou comovida. "Queria muito ajudar", disse ela anos depois. "Queria estar entre as pessoas que de fato se importavam", complementou a menina.

Ela enviou uma carta ao presidente George H. W. Bush com algumas sugestões para combater a poluição. Não recebendo nenhuma resposta após três meses, Melissa Poe decidiu pôr essas sugestões em prática por conta própria. Com a ajuda de alguns adultos solidários e simpatizantes, uma cópia de sua carta em pouco apareceu em 250 *outdoors* ao redor do país.

Nesse meio-tempo, Melissa Poe havia criado uma organização denominada Kids F.A.C.E. (Kids for a Clean Environment, ou seja, *Crianças por um Ambiente Limpo*) em defesa do meio ambiente. Seis de seus amigos se juntaram a ela e, juntos, eles limparam o bairro, plantaram árvores e reciclaram latas, vidros e muito papel. Os *outdoors* atraíram uma quantidade bem maior de membros e abriram caminho para artigos em jornais e aparições em programas de televisão. A organização foi adotada pelo Walmart e um *site* foi criado na *Web* (kidsface.org).

Até 2011, a Kids F.A.C.E. contava com 300.000 membros em 2.000 divisões, em 22 nações, e havia distribuído e plantado mais de um milhão de árvores e organizado uma variedade de projetos ambientais nacionais e internacionais. Melissa, que agora já é mãe, ainda presta trabalhos voluntários para a organização que ela fundou todos esses anos.

**Como foi que uma garota de 9 anos de idade conseguiu realizar tanta coisa?** Acho que a resposta é muito simples, e extremamente importante. Ela acreditava que ela tinha capacidade para isso. Ela sentiu que poderia fazer alguma **diferença positiva no mundo** e perseguiu esse objetivo com determinação.

Esse é um desafio que todos nós enfrentamos. Podemos passar a vida apenas nos virando e fazendo o mínimo de esforço — tirando C (conceito médio) na escola, dizendo ao nosso chefe somente o que ele deseja ouvir e desprezando os problemas da vizinhança ou do mundo. Ou podemos lutar pela qualidade em tudo o que fizermos — na escola, no trabalho, em casa e na sociedade. Acredito que não temos opção enquanto indivíduo, organização ou país. Precisamos ter coragem, tal como a jovem Melissa, para procurar as coisas e os modelos nos quais acreditamos. Todos nós podemos fazer uma diferença positiva no mundo.

> **Podemos lutar pela qualidade em tudo o que fizermos — na escola, no trabalho, em casa e na sociedade.**

## PESSOAS DE QUALIDADE

Sim, já falamos muito sobre qualidade neste livro. Contudo, grande parte dessa discussão voltou-se para a qualidade aplicada a processos — apagar incêndios corporativos, desenvolver ideias e soluções e aperfeiçoar essas ideias e soluções. Levantamento, enriquecimento e otimização. Esse capítulo, entretanto, é direcionada à qualidade das pessoas.

Para que um projeto LEO tenha êxito, ele deve receber o apoio dos dirigentes da empresa e dos gerentes e pessoal da linha de frente que estão diretamente envolvidos com essa iniciativa. Todavia, algo mais é necessário para que o LEO transforme a empresa, possibilitando que ela alcance um crescimento, um nível de lucratividade e um nível de qualidade geral sem precedentes. Isso requer que os indivíduos da empresa, os dirigentes e os funcionários da linha de frente desenvolvam uma mentalidade de alta qualidade.

Essa mesma questão aplica-se a qualquer organização de excelência. Considere apenas o que ocorreu com a Toyota nos últimos anos. Durante décadas, a empresa era a própria definição de organização de excelência — qualidade individual casa-se com qualidade de processo. Em 2008, ela ultrapassou a General Motors, tornando-se a principal fabricante de automóveis do mundo. Porém, no espaço de um ano, sua reputação e seu volume de vendas estavam em ruínas.

Surrada por notícias sobre acidentes com os carros que levavam seu nome, provocados por uma aceleração súbita, a Toyota fez um *recall* para 3,8 milhões de veículos *Lexus ES 350*, *Camry*, *Prius*, *Takoma*, *Tundra* e *IS 250 e 350* no final de 2009 — seu maior *recall* de todos os tempos, mas isso foi apenas o começo. O total de veículos ultrapassaria 11 milhões após 2010, tudo em virtude de incidentes de alta velocidade, incluindo um acidente fatal por aceleração exagerada.

A qualidade de processo da empresa sem dúvida havia despencado e em breve ficou evidente que havia problemas com a qualidade de seu pessoal também. Após o primeiro *recall*, The New York Times assinalou: "A Toyota enfrentou questionamentos sobre se a empresa costumava corrigir defeitos potencialmente perigosos em novos modelos sem fazer o *recall* para aqueles que já estavam no trânsito". O Departamento de Transporte dos EUA aplicou três máximas multas à empresa, que totalizaram US$ 48,8 milhões.

"Agora temos prova de que a Toyota não conseguiu cumprir suas obrigações legais", disse o secretário de Transporte Ray LaHood. "Pior ainda, durante meses eles ocultaram conscientemente das autoridades norte-americanas um defeito perigoso e não tomaram providência para proteger milhões de motoristas e seus familiares", completou dizendo Ray LaHood.

O presidente da empresa, Akio Toyoda, desculpou-se profusamente. Procurando uma explicação para as não conformidades de qualidade da Toyota, ele falou de um índice de crescimento que **"talvez tenha sido muito rápido"**, dando a entender que, por esse motivo, as "prioridades tornaram-se obscuras". Em outras palavras, entre as pessoas que dirigiam a empresa, o **lucro** recebeu maior **prioridade** que o **desempenho**.

**O lucro prevaleceu sobre a qualidade!**

O tipo de desonestidade descrito por LaHood — a propósito, qualquer desonestidade nesse assunto — arruína a qualidade individual. Tal como você pôde ver em capítulos precedentes, o método LEO fundamenta-se em **dados honestos**. Se as informações coletadas na fase de levantamento de um projeto LEO forem falsas ou enganosas, por exemplo, o projeto fracassará.

**A desonestidade arruína a qualidade individual.**

Por esse mesmíssimo motivo, os dirigentes de elevada integridade sabem o quanto a honestidade é importante para seu sucesso e para o êxito de sua organização. Dirigentes como Alan Mulally, por exemplo, diretor executivo da Ford Motor Company (que, infelizmente, deve aposentar-se em breve...).

**Honestidade**

Mulally assumiu a direção da Ford no outono de 2006, após uma carreira notável na Boeing. Desde então, a Ford passou por uma

**drástica reviravolta**, recuperando-se dos anos em que experimentou perdas imensas até alcançar um lucro de US$ 6,6 bilhões em 2010. Segundo a opinião geral, o crédito é de Mulally!

Fiquei fascinado quando, na primavera de 2009, a revista *Fortune* fez uma descrição detalhada do estilo de liderança de Mulally. Todas as terças de manhã, às oito horas, ele realiza uma reunião administrativa com seus principais assessores, na qual são disponibilizados relatórios dos quatro centros de lucro da empresa — Américas, Ásia-Pacífico, Europa e Ford Credit — e de 12 pessoas que lideram diferentes funções, incluindo fabricação e relações governamentais.

Uma das primeiras solicitações de Mulally após sua chegada foi que os relatórios recebessem um código de cor verde, amarelo e vermelho — que correspondiam, respectivamente, a situações positivas, de precaução e negativas. Nas reuniões iniciais, todos os executivos compareciam com relatórios com a cor verde e repletos de informações positivas. Por fim, Mulally perdeu a paciência. Tal como ele mesmo afirmou à *Fortune*, ele os lembrou de que a empresa havia perdido bilhões de dólares no ano anterior, acrescentando**: "Existe alguma coisa que não está indo bem?".**

Um dos executivos admitiu que havia alguns problemas técnicos com um novo modelo e, quando terminou de falar, Mulally na verdade o aplaudiu, dizendo: "Mark, eu realmente aprecio essa clareza de visão." Na semana subsequente, havia relatórios de todas as cores do espectro.

A **honestidade** realmente é a melhor política, por motivos práticos e também éticos. Em um projeto LEO, a linha de frente precisa pôr os dirigentes a par da verdade; do contrário, eles tomarão decisões que serão ruins para todos, dos funcionários aos clientes e aos próprios executivos. Justamente por isso, os dirigentes precisam ser francos com os funcionários se quiserem honestidade em troca. Eles devem também esclarecer que aqueles que disserem a verdade não serão punidos, visto que o medo de penalização ou demissão é o inimigo mais poderoso da honestidade.

> **Em um projeto LEO, a linha de frente precisa pôr os dirigentes a par da verdade; do contrário, eles tomarão decisões que serão ruins para todos.**

O relacionamento sem rodeios que acabei de descrever faz parte da estrutura básica de uma organização de alta qualidade. De acordo com o LEO, é a qualidade individual que possibilita a qualidade de processo.

Existe outro valor que é um elemento fundamental da mentalidade de alta qualidade: a empatia.

## Empatia

Alguns anos atrás, a esposa de um amigo enfrentou um problema, um nervo pinçado nas costas que lhe provocava dores extremas. Ela precisava passar por cirurgia e, quando esse dia chegou, meu amigo, apreensivo, não parava de andar de um lado para outro da sala de espera. Depois de mais ou menos duas horas, uma enfermeira o interrompeu. Ela lhe disse que a cirurgia ainda estava em andamento, mas que o cirurgião gostaria que ele soubesse que havia aliviado o problema e a dor que sua esposa estava sentindo havia passado.

Quando ouvi essa história, fiquei extremamente admirado com a consideração do cirurgião. Ainda que estivesse realizando a cirurgia, ele estava preocupado com o estado mental do marido da paciente na sala de espera.

Normalmente, é claro, precisamos esperar até o final da cirurgia para saber se ela foi ou não bem-sucedida. Até aquele dia, eu nunca havia ouvido falar de um cirurgião que tivesse adotado a postura desse médico. E tal como meu amigo descobriu em uma conversa posterior, essa **era** uma postura habitual daquele cirurgião. Quando meu amigo demonstrou-se surpreso, o **médico** ficou surpreso. Simplesmente lhe parecia um comportamento sensato.

Sensato, sim, mas muito raro. O que ele fez foi estender sua empatia por outras pessoas a esse aspecto de sua profissão. Isso não estava registrado por escrito na descrição de seu cargo, não era algo que outros cirurgiões faziam, mas estava coerente com seus critérios a respeito do que ele considerava um comportamento humano digno.

**A empatia é um valor essencial do indivíduo de alta qualidade.**

Tal como a honestidade, a empatia é um valor essencial do indivíduo de alta qualidade. É também um aspecto do LEO porque possibilita que todos os envolvidos em um projeto, tanto os líderes quanto o pessoal da linha de frente, compreendam melhor como os clientes e outros grupos de interesse se sentem, a meta da missão de ouvir da primeira fase do LEO. Repetindo, qualidade individual gera qualidade de processo.

> **Qualidade individual gera qualidade de processo.**

### Resistência ao comprometimento

Existe um terceiro aspecto da mentalidade de qualidade que gostaria de mencionar: **a resistência ao comprometimento**. No trabalho e também na vida pessoal, as pessoas que têm uma maneira de pensar de alta qualidade tendem a ficar insatisfeitas com os resultados que outros aceitam prontamente. Elas não se permitem conformar com nada menos que o melhor.

Chantal Coady é uma dessas pessoas. Viciada em chocolate quando criança, ela abriu um tipo de loja de chocolate totalmente novo em Londres, em 1983, na tenra idade de 23 anos. Desde essa época, ela nunca parou de procurar meios de melhorar a qualidade de seu produto e de sua empresa e, ao mesmo tempo, escreveu três livros consagrados e transformou o mundo do chocolate na Grã-Bretanha.

Coady frequentava uma escola de artes na adolescência, mas ainda sentia o mesmo impulso por chocolate. Quando ela assumiu um trabalho de meio período, foi no departamento de chocolates na elegante loja Harrods em Londres. Após a universidade, Coady trabalhou por um tempo em um escritório, mas, tal como ela mesma disse ao *The Wall Street Journal*, foi uma experiência **"entorpecente e traumática"**. Foi quando ela decidiu abrir sua loja de chocolates.

Durante sua passagem pela Harrods, Coady havia ficado decepcionada com a atmosfera da área de chocolates e com a falta de **"envolvimento emocional"** na apresentação. Ela concluiu que sua nova loja seria diferente — "um ambiente bonito, suntuoso e dramático". E, ao contrário das lojas de departamentos, em que a maioria das pessoas entra para comprar doces, inclusive chocolates, sua loja não venderia outra coisa senão chocolates.

A loja de Coady, a Rococo Chocolates, obteve sucesso imediato, vendendo produtos fabricados principalmente por empresas francesas e belgas. Coady então descobriu todo um conjunto de sabores e conhecimentos especializados sobre chocolate. Os chocolateiros franceses estavam trazendo sementes de cacau de diferentes locais — Indonésia, América Latina e outras áreas — e misturando-as em confeitos baseados em suas qualidades individuais, algo bastante semelhante à forma como as uvas de diferentes vinhedos eram tratadas. Em 1990, ela estava criando seus próprios chocolates. Em seguida, Coady começou a misturar sabores nunca vistos, como gerânio e jasmim, nos chocolates que ela criava, uma ideia que teve tanto sucesso, que foi copiada pelos principais fabricantes.

Coady fez uma campanha para convencer os grandes fabricantes de doces a eliminar a gordura vegetal hidrogenada e o açúcar de seus produtos de chocolate que haviam induzido o público a acreditar erroneamente que o chocolate em si era prejudicial à saúde. Ela formou uma parceria com cultivadores de cacau em Grenada para que pudesse incluir em sua linha de produtos chocolates orgânicos e que foram cultivados e comercializados com os empregados recebendo salários justos.

Coady possui três lojas em Londres atualmente, e simplesmente não para de criar programas que envolvam seus clientes e atraiam novos. Ela fundou a Rococo School of Chocolate em uma das lojas, onde são oferecidos cursos de fabricação de chocolate e culinária com chocolate para alunos iniciantes e avançados. A escola também promove festas para crianças e adultos.

Com a aprovação de um clérigo de Londres, Coady vende barras de chocolate "sem culpa" a pessoas que não comem chocolate na Quaresma; metade do preço das barras apoia o Apelo Quaresmal da Igreja. Ela organiza as lojas para promover encontros como o seminário de Café da Manhã com Mulheres na Liderança e conexão com o Dia Internacional da Mulher.

A lista de iniciativas de Coady é interminável. Ela é incansável em sua busca por níveis de qualidade cada vez mais altos e nunca chegou perto de um projeto LEO, mas tem essa mentalidade, sempre procurando enriquecer e otimizar os produtos oferecidos pela empresa, a fim de garantir que eles atendam da melhor possível aos desejos e necessidades de seus clientes.

Esse tipo de comprometimento individual, acredito piamente, é a melhor esperança para todos nós — e particularmente para a economia instável e a base industrial de nosso próprio país.

## ESTADO DE ESPÍRITO

Quando viajei ao redor dos EUA, vi um país diferente. Comunidades outrora florescentes tornaram-se cidades-fantasmas. Pessoas antes satisfeitas com sua própria vida e otimistas quanto ao futuro hoje se veem desesperançadas e apreensivas com o que vem pela frente. As guerras ininterruptas em que o país se envolveu, a recessão aparentemente infindável, o índice ascendente de desemprego, as execuções de hipotecas e as falências, a ganância desenfreada de tantos bancos e de tantas autoridades eleitas — esses são alguns dos motivos pelos quais os cidadãos norte-americanos comuns estão tão desencorajados.

Temos uma opção. Podemos simplesmente aceitar o que está ocorrendo e despender nossa energia reclamando e criticando ou podemos, enquanto indivíduos, tentar fazer diferença.

> **Podemos simplesmente aceitar o que está ocorrendo e despender nossa energia reclamando e criticando ou podemos, enquanto indivíduos, tentar fazer diferença.**

Eu desejava fazer algo para ajudar, algo que desse às pessoas um sentimento de realização e, ao mesmo tempo, melhorasse suas perspectivas. Ocorreu-me que um tipo diferente de projeto LEO pudesse dar conta do recado — um LEO totalmente distinto da versão direcionada à estratégia corporativa, adaptado às necessidades e aspirações de todos.

Houve um precedente. Após a publicação de *The Ice Cream Maker*, um pequeno livro no qual apresentei o LEO pela primeira vez, inesperadamente recebi uma carta de John Richter, coordenador de programas para infratores juvenis da prisão de Orange County em Orlando, no Estado da Flórida. Ele me falou sobre um dos programas dessa instituição, denominado Literature-N-Living, que era conduzido por um voluntário chamado Warren Kenner, gerente local da Cingular Wireless. Entre as leituras que Warren Kenner havia indicado aos alunos estava *The Ice Cream Maker*.

Tal como Richter ressaltou, "As aulas não são moleza". A cada encontro, os participantes tinham de redigir textos e passar por uma prova sobre o que eles leram. Quando passavam, adquiriam direito a visitas com contato físico com seus familiares, os quais também tinham permissão para levar refeições feitas em casa. A carta que recebi continha cópias dos artigos que os alunos haviam escrito, e estava claro que eles haviam compreendido o livro muito bem, cada um à sua maneira.

"Aprendi uma coisa que me ajudará se eu aplicá-la à minha vida", escreveu um aluno. "Ela se chama LEO." Outro excerto: "Ouvir é fundamental em relação a qualquer tipo de coisa. Por exemplo, no meu caso, seu tivesse ouvido minha mãe, pelo fato de ela ser meu cliente interno e externo em casa. Eu não só estaria trabalhando, mas isso também teria lhe mostrado o quanto ela significava para mim", disse outro infrator juvenil.

Quando o método LEO foi concebido, seu objetivo não era ter valia para gerentes em apuros, nem para jovens problemáticos. Porém, como já mencionei, as ideias básicas do LEO são simples e aplicáveis na vida cotidiana. Elas oferecem um modelo para a tomada de decisões inteligentes, estruturadas e bem informadas em qualquer circunstância.

> **As ideias básicas do LEO são simples e aplicáveis na vida cotidiana. Elas oferecem um modelo para a tomada de decisões inteligentes, estruturadas e bem informadas em qualquer circunstância.**

Lembrei-me dessas cartas quando pensei sobre como eu poderia, enquanto indivíduo, ajudar a melhorar as coisas nos EUA, bem como globalmente. Elas me incentivar a criar a campanha *Global Quality Awareness* (Consciência Global sobre Qualidade), tal como é conhecida, que faz um apelo para que as pessoas: **"Pratiquem a qualidade individual e inspirem a mudança global."** E as palavras do LEO que você leu tantas vezes nas páginas deste livro agora servem a um propósito mais abrangente: ouvir os outros e você mesmo com cuidadosa atenção; enriquecer a vida ao seu redor dando um pouco mais de você mesmo todos os dias; otimizar tudo o que você faz decidindo e determinando-se a atingir a excelência.

Acredito que o foco do LEO sobre a qualidade individual que funcionou tão bem para tantas empresas também pode funcionar para indivíduos e gerar efeitos positivos igualmente para as nações. A busca pela excelência e o comprometimento para com a qualidade nos colocará no caminho para um futuro mais promissor e favorável. Dr. Seuss estava certo quando disse:

*"A menos que alguém como você se importe de verdade,*
*Nada vai melhorar. Nada mesmo."*

# ÍNDICE REMISSIVO

## A

Administração, no LEO, 44. *Consulte também* Implantação; assuntos específicos
Afinidade, criando 113–115
Alimentos para animais de estimação, exemplo 129–133
Altshuller, Genrich 143–144
Amazon 8, 80
Análise em árvore ramificada 44–45, 125–126
Apple 107–108
Apreendendo toda a verdade, fase de levantamento 115–117
Aprimoramento de produtos, e a Lemon 168. *Consulte também* Exemplos:
Aquecendo os motores com projetos iniciais, implantação 199–202
Aristóteles 10
Assumir riscos, implantação 212–214
Atividade diária, mentalidade de qualidade como 217–218
AT&T 107
Avaliação na fase de enriquecimento 144–145

## B

Balas de goma, exemplo 38–54
Berra, Yogi 47
*Brainstorming* 139

## C

Carros:
    exemplo de aprimoramento de freios 89–103
    exemplo de pesquisa de mercado junto a proprietários de 84–103
    exemplo de qualidade e reputação 221–222
    exemplo de uma empresa de bancos automotivos 159–161
Causa básica dos problemas urgentes, incêndio 44–50
Certificação, *Seis Sigma* 214
Classificação de fichas, ordenação das opiniões dos clientes 89–94
Clientes:
    cultura centrada no cliente, desenvolvendo 214–215
    fase de levantamento 114–117
    ordenação das opiniões dos 89–94

CNN 55
Coady, Chantal 225–226
Coleta e análise de dados, fase de levantamento 119–120
Competência, implantação integral 193
Comprometimento
　dos executivos 196–197, 200–205
　implantação integral 193
　LEO na prática 19–20
Comunicação:
　como ingrediente fundamental da implantação 206–207
　criando afinidade 113–114
　implantação integral 193
Comunicação não verbal, e afinidade 114–115
Concentração de benefícios na fase inicial, implantação 199
Consciência Global sobre Qualidade, campanha 230
Consistência, implantação integral 193

## D

Declaração do projeto, problemas urgentes (incêndio) 41–43
Departamento de Transporte dos EUA 220
Desafio para os EUA, mentalidade de qualidade como 227–230
Diretores executivos, no LEO 44, 192–195. *Consulte também* Implantação; assuntos específicos
Dr. Suess 230

## E

Economia de custo:
　exemplo de política de contratação de um hospital 182–184
　fase de apagamento de incêndios (problemas urgentes) 50
　fase de enriquecimento 144–145, 162
　implantação 192, 195, 200
　integração do LEO 214
　levantamento 122–123, 127–128
　método de Taguchi 97, 101, 168
　otimização 176–177, 182, 190
　otimização robusta 101, 168
　projetos futuros 85, 97, 100
Economia de desperdício, integrando 204–205
Educação e treinamento 207–211
　membros das equipes de projeto 211
Einstein, Albert 161
Empatia, mentalidade de qualidade 223–224
Enroscamento de papel (em fotocopiadoras), exemplo de 169–174
Erros médicos 8–9
Estados Unidos da América (EUA), XIII–XVII
Eurípedes 188
Executivos, no LEO 44, 192–195. *Consulte também* Implantação; assuntos específicos
Executivos, sessões de implantação 202–208

Exemplos:
    aprimoramento de freios 89–103
    aprimoramento de um motor *turbofan* 184–188
    empatia de um médico 223–224
    empresa de bancos automotivos 159–161
    enroscamento de papel (em fotocopiadoras) 169–174
    fornecedores de equipamentos cirúrgicos 153–157
    infecções adquiridas em hospitais e terapias intravenosas (TIVs) 126–129
    Literature-N-Living na prisão 228–229
    madeireira 118–123
    palheta de para-brisa 189–190
    política de contratação de um hospital 174–184
    qualidade e reputação do carro 221–222
    ração para animais de estimação, 129–133
    recuperação de desastres 20–26
    recuperação de desastres naturais 20–26
    Rococo Chocolates, 226–227

# F

Fábrica brinquedos, processo de SDC da, fluxo 56–75
    busca pela qualidade 66–69
    fase de enriquecimento 69–76
    implantação 77–80
    mapeamento da situação atual 62–65
    resultados 78–79
    trabalhos desequilibrados 67
    trabalhos desmedidos 67
    trabalhos desnecessários 67
Falta de levantamento (observação), e falha corporativa 108–109
Fase de enriquecimento 135–162
    avaliação 144–145
    buscando o melhor caminho 137–139
    elementos essenciais 136–137
    exemplo de uma empresa de bancos automotivos 159–161
    exemplo de uma fábrica de balas de goma 43–50
    exemplo de uma instituição de recuperação de desastres naturais 24–25
    exemplo de um fornecedor de equipamentos cirúrgicos 153–157
    iniciando 139
    introdução ao LEO 4–5
    mapeamento 149–150
    pesquisa de mercado junto a proprietários e automóveis 94–96
    processo de 137–143
    resumo e revisão 160–161
Fase de levantamento 107–134
    apreendendo toda a verdade 115–117
    coleta e análise de dados 119–120
    como processo exclusivo 110
    criando afinidade 113–114
    exemplo de uma empresa de ração para animais de esti-

## ÍNDICE REMISSIVO

mação 129–133
exemplo de uma fábrica de balas de goma 39–44
exemplo de uma instituição de recuperação de desastres naturais 20–23
exemplo de uma madeireira 118–123
falta de levantamento, e falha corporativa 108–109
introdução ao LEO 3–4
manter a simplicidade 133
necessidades do cliente 115–117
pesquisa de mercado junto a proprietários de automóvel, futuro 83–93
processo de 110–117
resumo e revisão 134
revelação da verdade e afinidade 113–117

Fase de otimização 163–190
exemplo de aprimoramento de palheta de para-brisa 189–190
exemplo de enroscamento de papel (em fotocopiadoras) 169–174
exemplo de política de contratação em um hospital 174–184
focalização detalhada 166–167
incêndio (problemas urgentes), exemplo de uma fábrica de balas de goma 50–54
introdução ao LEO 5–6
melhoria contínua, como meta 164–165
otimização robusta 96–103, 168
pesquisa de mercado junto aos proprietários de automóvel, futuro 96–104
processo 166–169
qualidade, focalização sobre 168
resumo e revisão 190

Fatores humanos em problemas urgentes (incêndios) 51–54
Flexibilidade no fluxo 80–81
flexibilidade 81–82
Fluxo 55–82
busca por qualidade 66–69
de modo geral 30–32
fase de enriquecimento 69–76
fogo 56–61
implantação 77–80
iniciando 139
mapeamento da situação atual 62–65
resultados 78–79
Foco nos detalhes, fase de otimização 166–167
Fogo (problemas urgentes)
de modo geral 27–29
exemplo de uma fábrica de balas de goma 38–54
fase de enriquecimento 43–50
fase de levantamento 39–44
fase de otimização 50–54
fator humano 51–54
iniciando 137–139
prevenção de 50–54
processo de eliminação 49–50
processo de SDC de uma fábrica de brinquedos 56–61
revelando a causa básica 44–50
Ford Motor Company 221–222

## ÍNDICE REMISSIVO

Funcionários:
    membros da equipe 198–199, 208–211
    no LEO 44
    treinamento 208–211
Futuro 83–102
    de maneira geral 32–34
    exemplo de aprimoramento de um sistema de freio 89–103
    fase de levantamento 83–93
    ordenação das opiniões dos clientes 89–94
    pesquisa junto a proprietários de automóveis 83–102

## G

*Gemba* ("o lugar real") 112–114
General Motors (GM) 219–220
Global Quality Awareness, campanha 230
Gráfico multivariado 44–46, 51
Grupos de foco 130

## H

Honestidade:
    e afinidade, fase de levantamento 113–117
    implantação 213–214
    mentalidade de qualidade 221–223
HTC 141

## I

Implantação 191–216
    aquecendo os motores com projetos iniciais 200–202
    comprometimento dos executivos 202–205
    comunicação como elemento fundamental 206–207
    desenvolvimento de uma cultura centrada no cliente 214–215
    fase do projeto 213–214
    fator humano 51–53
    integral 192–194
    liderança 197–198
    não existe um único remédio para todos os males, princípio 15–16
    preparando o terreno 194–200
    processo de SDC de uma fábrica de brinquedos, fluxo 77–80
    resistência 199–200
    reuniões executivas 202–216
    treinamento da equipe 207–211
Iniciando:
    apagamento de incêndios (problemas urgentes) 137–138
    fase de enriquecimento 139
    fluxo 138–139
Instituto de Medicina, relatório do 8–9
iPhone 107–108

## J

*Jamming* (improvisação) 140–142
Jobs, Steve 107
Jogo de culpa, políticas 72–73

## K

Kao, John 140
Kids F.A.C.E 217–218
Kroc, Roy 194

## L

LaHood, Ray 221
LEO (levantar, enriquecer e otimizar): 83–102
    1. Qualidade como responsabilidade pessoal 11–12
    2. A missão da qualidade é de todos 12–13
    3. Mentalidade positiva e confiante 13–14
    4. Não existe um único remédio para todos os males, princípio 15–16
    fase de enriquecimento 4–5, 135–162
    fase de levantamento 3–4, 107–134
    fase de otimização 5–6, 163–190
    fluxo 55–82
    fogo (problemas urgentes) 37–54
    implantação 191–216
    integração na cultura da empresa 214–215
    introdução ao 1–17
    mentalidade de qualidade 217–230
    na prática 19–32
    pilares do 9–17
    qualidade, busca por 2–4, 3–5, 6–8, 7–9, 8–10, 10–12, 11–13, 12–14, 13–15, 14–16, 15–17, 16–18
    versus *Seis Sigma*, xii 1–2, 191–192, 214
Liderança:
    administração, no LEO 44
    implantação 197–198
    treinamento da equipe 208–210
Líderes de projeto: 207–210
    exigências 198
    treinamento da equipe 208–210
Lorde Chesterfield (Philip Stanhope) 163, 165

## M

Madeireira, exemplo 118–123
Manter a simplicidade 133
Mapeamento da situação atual 62–65
Mapeamento, fase de enriquecimento 150–151
Matriz de Pugh 144
McDonald's 194
Melhoria, contínua 164–165. *Consulte também* Fase de otimização
Membros da equipe
    exigências 198–200
    treinamento 208–211
Mentalidade de qualidade 217–230
    como atividade diária 217–218
    como desafio para os Estados Unidos da América (EUA) 227–230
    exemplo da empresa Rococo Chocolates 226–227
    exemplo de empatia de um médico 223–224

exemplo de qualidade e reputação do carro 221–222
honestidade 221–223
indivíduos fundamentais para 219–227
positiva e confiante 13–14
resistência ao comprometimento com 225–227
Mentalidade positiva e confiante 13–14
Mentores, no LEO 44
Motor *turbofan*, exemplo de aprimoramento 184–189
Mulally, Alan 221–222

## N

Não existe um único remédio para todos os males, princípio 15–16

## O

Orange County, Flórida, exemplo de Literature-N-Living na prisão 228–229
Otimização robusta 96–104, 168, 188

## P

Palheta de para-brisa, exemplo de aprimoramento 189–190
Pensamento em fluxo 79–80

Pesquisa de mercado
exemplo de pesquisa junto a proprietários de automóveis 83–102
exemplo de uma empresa de ração para animais de estimação 130–131
Pessoas
essenciais para a mentalidade de qualidade 219–227
fatores humanos em problemas urgentes (incêndios) 51–53
no LEO 44
treinamento da equipe 208–211
Pilares do LEO 10–17
a missão da qualidade pertence a todos 11–12
Poe, Melissa 217
Prática, LEO na 19–32
como comprometimento 19–20
exemplo de uma instituição de recuperação de desastres naturais 20–26
fluxo 30–32
Preparando o terreno, implantação 194–200
Prevenindo incêndios (problemas urgentes) 50–54
Processo criativo 139–143
Processo de eliminação de problemas urgentes, incêndios 49–50
Procurando o melhor caminho, fase de enriquecimento 137–138
Pugh, Stuart 95

## Q

Qualidade 6–17
　busca pela 6–8
　como pilar do LEO 11–17, 53
　como responsabilidade pessoal 11–12, 217–218
　focalização sobre, fase de otimização 168
　mentalidade positiva e confiante 13–14
　missão que pertence a todos 12–13

## R

Recuperação de desastres naturais, exemplo 20–26
Resistência
　à implantação 199–200
　ao comprometimento e à mentalidade de qualidade 225–227
Responsabilidade pessoal, qualidade como 11–12, 217–218
Revelação da verdade
　e afinidade, fase de levantamento 113–117
　implantação 212–214
　mentalidade de qualidade 221–223
Revelando a causa básica, apagamento de incêndios (problemas urgentes) 44–50
Richter, John 228–229
Riley, Pat 165

## S

Schurz, Carl 68
*Seis Sigma versus* Leo, xii 1–2, 191–192, 214
Shankar, Ravi 7
Stanhope, Philip (lorde Chesterfield) 163, 165
"Suficientemente bom", padrão 99

## T

Taguchi, Genichi 97–99, 104, 168, 174
Taylor, Frederick Winslow 75
Teoria da resolução inventiva de problemas (TRIZ) 143–144
Terapias intravenosas (TIVs) e infecções adquiridas em hospitais, exemplo 126–129
*The Ice Cream Maker* (Chowdhury), xiii, xiv 228–229
*The New York Times* 9, 220
Toyoda, Akio 220
Toyota 219–220
Trabalhos desequilibrados, fluxo 67
Trabalhos desmedidos 67
Trabalhos desnecessários, fluxo 67
Treinamento 208–211
　líderes de projeto 208–210
　membros da equipe de projeto 211
TRIZ 143–144

## V

da Vinci, Leonardo 135–136
Vendas de concessão, nos cinemas 55–56

## W

Wachter, Robert M., 9

# AGRADECIMENTOS

*S**em as significativas contribuições que recebi de várias pessoas, este livro certamente nunca teria se concretizado. Com relação ao desenvolvimento e à produção deste livro, sinto-me profundamente grato:*

- *A um colega e amigo extremamente especial, Jim Quinlan, com quem aprendi muito ao longo dos anos. Jim, obrigado por sua grande dedicação ao original deste livro.*

- *A dois colegas verdadeiramente devotados, Brad Walker e Mike O'Ship, por seu apoio contínuo e dedicação para melhorar o original deste livro. Obrigado.*

- *A um grande talento que me ajudou a aprimorar o original para que se tornasse mais completo e tivesse o mais alto nível de qualidade, meu amigo Robert Stock. Sinto-me profundamente grato a Bob por seu enorme apoio e dedicação.*

- *A Mary E. Slenn, editora associada da McGraw-Hill, por acreditar neste projeto desde o primeiro dia em que a conheci e por seu estímulo para que eu escrevesse o primeiro livro oficial sobre o método LEO.*

- *A Niki Papadopoulos, minha editora na McGraw-Hill, por sua competência profissional e liderança de projeto — e por sua contínua inspiração. Niki, editora extremamente talentosa e criativa, deu forma a este livro desde o dia em que tomamos café juntos em um restaurante em Manhattan para discutir o projeto.*

- *A todos os profissionais da McGraw-Hill por sua dedicação: Gayathri Vinay, Julia Baxter, Allyson T. González, Lydia Rinaldi, Zachary Gajewski, Pattie Amoroso e Maureen Harper.*
- *A todos os meus colegas e a todos os que trabalham em minha empresa, ASI Consulting Group, LLL (www.asiusa.com), por seu contínuo apoio, promoção e prática diária do LEO.*
- *A todos os meus clientes que têm elevado meu conhecimento todos os dias, desde o momento em que iniciei minha carreira profissional.*
- *A uma amiga extremamente especial do setor editorial, Cynthia Zigmund. Obrigado pelo apoio e estímulo constantes em todo o percurso da redação deste livro.*

*A todos os meus leitores ao redor do mundo que têm sido os melhores defensores dos livros que escrevi.*

*Este livro nunca teria se tornado uma realidade sem o apoio e o estímulo de minha mulher, Malini. Seus desafios intelectuais ininterruptos me inspiram todos os dias.*

*Obviamente, a verdadeira alegria em minha vida diária é proporcionada por meu filho, Anish, e por minha filha, Anadi. Espero que um dia, quando adultos, eles adotem e pratiquem o LEO.*

# SOBRE O AUTOR

**Subir Chowdhury** é *chairman* e diretor executivo do ASI Consulting Group, LLC, líder mundial na implementação de projetos LEO e de liderança de qualidade, em consultoria e treinamento. Seus clientes incluem empresas listadas pela *Fortune 100* e também pequenas empresas nos setores público e privado. Sob a liderança de Subir Chowdhury, o ASI-CG economizou vários bilhões de dólares para seus clientes ao redor do mundo. Sua última filosofia de transformação organizacional, o LEO, tem sido implantado e empregado com sucesso por diversas organizações.

Aclamado pelo *The New York Times* como um dos "principais especialistas em qualidade" e pela *BusinessWeek* como **"o profeta da qualidade"**, Subir Chowdhury é autor de 13 livros, incluindo os *best-sellers* internacionais *Quem Comeu o Meu Hambúrguer? (publicado anteriormente com o título: O Poder do Seis Sigma)*, *The Ice Cream Maker* (*O Produtor de Sorvete*) e *Management 21C*. Seu livro *Design for Six Sigma* (DFSS) é o primeiro sobre esse tema e recebeu o crédito de ter popularizado a filosofia DFSS ao redor do mundo. Seus livros foram traduzidos para mais de 20 idiomas e já venderam mais de um milhão de cópias ao todo.

Subir Chowdhury recebeu inúmeros prêmios internacionais por sua liderança em gestão de qualidade e suas importantes contribuições para diversos setores industriais no mundo inteiro.

Ele é membro honorífico da Fundação Mundial de Inovação (World Innovation Foundation — WIF) e foi homenageado pela Galeria da Fama (Hall of Fame) nas áreas de engenharia, ciência e tecnologia no Hall of Fame da Indústria Automotiva e no Hall of Fame do Legado). Ele recebeu medalha de ouro da Sociedade de Engenheiros de Fabricação, o prêmio de Distinção em Engenharia Automotiva da Sociedade de Engenheiros Automotivos (Society of Automotive Engineers — SAE) Henry Ford II e a primeira medalha Philip Crosby da Sociedade Norte-Americana de Qualidade pela autoria do livro mais influente sobre qualidade. Em 2009, o Departamento de Segurança Nacional dos EUA concedeu-lhe o prêmio Outstanding American by Choice por suas realizações profissionais e cidadania responsável.

Subir é formado pelo Instituto de Tecnologia da Índia (Indian Institute of Technology — IIT), de Kharagpur (Índia), pós-graduado pela Universidade Central do Michigan (Central Michigan University — CMU) e doutor honorário pela Universidade Tecnológica do Michigan (Michigan Technological University — MTU). Tanto o IIT quanto a CMU homenagearam Subir Chowdhury com seu prêmio de Distinção a Ex-Alunos.

A Escola de Economia de Londres (London School of Economics — LSE) criou a bolsa de estudos Subir Chowdhury em Qualidade e Economia, concedida todos os anos a pesquisadores de pós-doutorado para estudos sobre o impacto da má qualidade no avanço da economia de uma nação, que é a primeira bolsa desse tipo no mundo. A SAE Internacional criou a medalha de Liderança de Qualidade Subir Chowdhury para ser concedida todos os anos àqueles que geram inovação e ampliam o impacto da qualidade em engenharia de mobilidade, *design* e fabricação.

## SOBRE O AUTOR

A Fundação Subir & Malini Chowdhury é de Subir e de sua esposa, que iniciou a campanha Global Quality Awareness (Consciência Global sobre Qualidade) ao redor do mundo para elevar a consciência sobre qualidade em todas as esferas da vida.

Subir vive com sua mulher, Malini, e dois filhos, Anandi e Anish, em Bloomfield Hills, no Estado do Michigan (EUA).

www.dvseditora.com.br